PHP
Business Shinsho

すごい立地戦略
街は、ビジネスヒントの宝庫だった

Atsushi Enomoto
榎本　篤史

PHPビジネス新書

はじめに

　私は、ディー・アイ・コンサルタンツという会社の社長をしています。企業の成長と確実な店舗展開を実現するために、戦略立案から実行支援までを手がけるコンサルタント会社です。コンサルタントというとデータが武器の職業と見られることもあり、確かにそうした面もあるのですが、私の場合、真夏も真冬も暇があれば外をウロウロしていることが多いです。同じ街でも、平日昼・夜、休日昼・夜と、足しげく通うこともあります。

　なぜなら、私たちが求めている「どんな場所に店を出したら儲かるか」「なぜあの店はあんなに儲かっているのか」、その答えはすべて現地、現場にあるからです。

　街は常に変化し、店は常に入れ替わり、そこを歩く人も時とともに変わっていきます。

　だから私は、街を歩いてその変化に目を配ったり、知らない場所を訪れるのが大好きです。そこには、単に出店を考える店舗経営者のみならず、一般のビジネスパーソンにとっても役立つヒントがひしめいています。

「あのコンビニが業界の雄であり続ける理由は、その『しつこさ』にある」

「一見文句なしに賑わって見える場所に、恐ろしい落とし穴が潜んでいる」
「データも大事。だがもっと大切なのは、現場を歩いて自分の目で確かめること」
「瞬間的に人気が出た店が勢いで出店を拡大すると、閑古鳥が鳴く」
「圧倒的な人気商品の前には、もはや立地戦略が必要なくなることもある」

こうしたことは、店舗という業態に限らず、あらゆる業種・業界で共通点が見いだせるビジネスの本質でしょう。詳しくは各章で解説していきますが、立地戦略がビジネスモデルと密接に関係している点も、見どころです。各業界の立地戦略を見ると、各業界のビジネスモデルの最先端が浮かび上がってくるのです。

本書ではまず、立地戦略のなんたるかを知っていただくために、身近でわかりやすい事例としてロードサイドの店舗を見ていきます（第1章）。その後で、みなさんがやはり日常的に利用するコンビニ業界（第2章）、飲食店（第3章）の攻防を見て回り、さらにはそういった業種・業態にとどまらない変わり種について学びます（第4章）。それから、業界という枠を外し、街や駅という視点から立地を学び（第5章）、最後は実際に出店を考えている方に知っていただきたいリアル・ルールをまとめます（第6章）。

全体を通して、店舗経営に関わる方や出店計画をお持ちの方以外にも面白く読んでいただきただけるように書いています。

「毎日の通勤や営業中、なんとなく街を歩いている」という方、本書で街歩きをぐっと面白くし、さらにビジネスのヒントも探してみませんか？　外出が多い方や、街歩きのお好きな方にとっては、「街中、戦略だらけである」ということをいち早く実感していただけると思います。

総務省統計局の経済センサスによると、1996年の飲食店数が84万店、2012年は58万店。約16年の間に、約3割の飲食店が減っています。人口減少社会の中、栄枯盛衰の店舗ビジネスにおいて、他店よりも人気のある店、潰れず生き残っている店というのは、必ずそれだけの理由があります。そんな、強者の視点、考え方、戦略の立て方、そしてその徹底ぶりを、立地戦略を通して学んでみませんか？

本書を読んで、一人でも多くの方が立地戦略に興味をもってくださり、一人でも多くの店舗経営者が自店に最適の立地を見つけ出されることを、心から願っています。

2017年3月

株式会社ディー・アイ・コンサルタンツ　取締役社長　榎本篤史

『すごい立地戦略』 目次

第3章：激戦！　栄枯盛衰の飲食店、その立地戦略とは

第4章：出店戦略が必要ない!?　立地にこだわらない業態

第5章：地域・街・駅、立地戦略に必要な鳥の目・虫の目

第6章：これだけは押さえたい、立地にまつわる実践知識

※本書内における店舗の名称、場所、またその他数字などの情報は、すべて執筆当時のものです。

プロローグ　売上要因を解剖する

当社はこれまで、20年以上にわたって数多くのクライアントの立地調査に携わってきました。特に多いのはチェーン店ですが、ときには鹿児島県の徳之島から、「島で唯一」というスーパーマーケットの社長さんが相談に来てくださったりすることもあります（そのときの話は162ページをご参照ください）。

その過程で、立地と売上にはどんな関連があるのかを調べ、独自に情報を積み上げてきました。そしてそれらをもとに、店舗の売上に影響を与える立地の要素を10に分類しました。この10要素が「売上要因」です。

本書では、さまざまな立地の事例を取り上げながら、なぜその立地がいいのか・悪いのか、どういう立地に店を出せば売上が上がるのか、出店を考える際には立地のどこに注目すればいいのか、それらを具体的に解説していきます。

まずはプロローグで、10個の「売上要因」とはどんなものなのか、その概要をご説明しましょう。本文中では10要素のどれに当てはまるか必ずしも言及していませんが、本書で語られる内容は必ずこの10要素のどれかに当てはまります。

どの要素に当たるのか、気になったときにはぜひこのプロローグに戻って、それぞれの要素を確認していただきたいと思います。


次ページの図1をご覧ください。店舗の「売上要因」は、大きく分けて「立地要因」と「商圏要因」のふたつに分かれます。

「商圏要因」は、店を中心に半径数キロから数十キロといった広範囲で、売上に影響を及ぼす要因です。

「立地要因」は、狭い範囲で売上に影響を及ぼす要因で、店の立つ土地や建物、周辺の環境などがそれに当たります。

さらに「商圏要因」は、商売をするエリアに関わる「商圏因子」と、自店のライバルに関わる「競合因子」に分けられ、「立地要因」は、店の場所に関わる「立地因子」と、建物や敷地に関わる「構造因子」に分けられます。

それぞれの要素がどうなれば売上が上がるのか、簡単にまとめましたのでひとつずつ見

図1　売上を支える立地・商圏要因

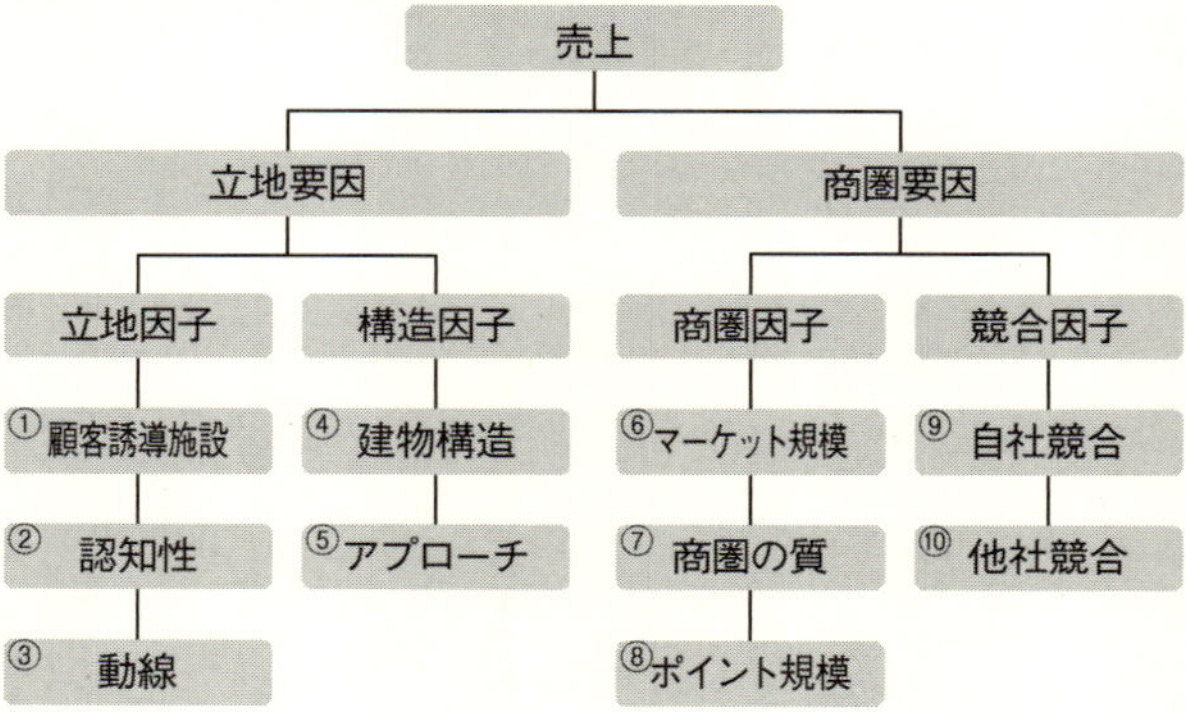

ていきましょう。

①顧客誘導施設――顧客を惹きつける施設のこと（第4章参照）。利用者が多い都心の駅や、大規模商業施設、ショッピングセンター、交通量の多い幹線道路や交差点などがそれに当たります。顧客誘導施設が近くにあるかどうかで、売上は大きく変わってきます。

②認知性――「どこに店があるか」を示すのが認知性。通行人やドライバーから店が「見えるか・見えないか」を評価する「視界性」と、そもそも店の存在自体を「知っているか・知らないか」を評価する「周知性」に分かれます。当然ながら、看板などによってわかりやすく見えやすい店舗に

なっており、広く知られているほうが売上は上がります。

③動線――ふたつの顧客誘導施設をつなぐ道を指します。たとえば、駅で降りた人がデパートへ向かう道筋、それが動線となります。顧客誘導施設が複数になれば動線も複雑になり、わかりにくく、変化しやすくなるのも特徴です。人の多く通る動線を把握し、その動線上に出店することが売上アップにつながります。

④建物構造――単純に店の建物だけでなく、店舗の面積や駐車場の台数、入り口の数や位置、座席数なども含みます。基本的に店舗は広く、駐車台数も多く、店舗も駐車場も複数の出入り口を確保し、メインの道路に面した間口の広い入り口が望ましいです。飲食店では座席数も重要で、多すぎず少なすぎず、いつもちょうど満席ぐらいがベストです。

⑤アプローチ――店舗や店の敷地への入りやすさ・入りにくさを示します。たとえば店の前の歩道幅が広く、駐車場にターンできるスペースがあると入りやすいため、売上アップが期待できます。逆に「店に入りにくい」と思わせてしまう場合には、ふたつの理由が考

えられるのですが、これについては第6章で詳しく解説します。

⑥マーケット規模――一般的な「商圏」と同じ概念で、店舗から半径何キロにどれだけの人が住んでいて、働いているか、その量を表します。一言でいえば人口量です。店舗の周りに多くの人が住んでいたり、多くの人出があれば、それだけで売上が上がる可能性がありますので、出店の際には絶対に調べるべき指標です。人が多いのに売上が低ければテコ入れを、人が少ないことがわかれば多い場所への移転や撤退を考えます。

⑦商圏の質――人口量は重要ですが、単純に人が多ければいいというわけでもありません。その商圏の中に、自店の顧客となるターゲットが多くいるかどうか、つまり人の「質」が問われます。年齢、性別、職種や家族の人数、収入などが質を調べる指標となります。自店の顧客層となる人が多い場所に出店してこそ、売上アップが見込めます。

⑧ポイント規模――店の前を歩く人の数を通行量、店の前の道路を走る自動車の数を交通量といいます。新規出店の際には、⑥マーケット規模とあわせて調べてもらいたい要素で

す。曜日や時間帯、天候によっても変わるため、さまざまなパターンでの計測が必要になります。通行量も交通量も多いほうが売上アップにつながりますが、歩く速度や道行く人の服装もチェックして、⑦商圏の質も同時に確認することが欠かせません。

⑨自社競合――チェーン店の場合は、「扱う商品」「価格」「提供方法」が同じである自社チェーンの他店が最大の競合です。ある地域に集中的に出店することでシェアを獲得するドミナント戦略や、フランチャイズ展開を採用しているチェーンは、近隣の同じチェーン店と顧客を獲りあうことにならないか、店舗どうしの影響を考えなければいけません。自社チェーンのことは忘れがちですが、売上が低いと思ったら自社チェーンの他店に顧客を獲られていないかご注意を。

⑩他社競合――他社と扱っている商品、価格、提供方法の3点が似ていれば似ているほど、売上に影響を受けます。同業者はもちろん、近年は業種業態間の垣根が低くなり、さまざまな業態の店が競合となる可能性があります。最近では、ファストフード店のライバルにイートイン・コンビニが加わりました。⑨自社競合で挙げた3点を比較して競合の強

弱を評価し、自店の弱いところは対策を立てて実行する必要があります。

いかがでしょうか？

これらの要素を把握して街を見渡してみるだけでも、これまではただひしめいていたお店の数々を見る目が変わってくると思います。勘のいい方なら「あの店がなぜ売れているのか」「あのチェーンがどんな戦略をもっているのか」など、わかってしまうこともあるかもしれません。

出店をお考えの方、あるいはすでに店舗経営をされている方は、10要素を把握し、チェックすることで、計画的な出店戦略を練ることができます。新規出店の際にはチェック項目として活用できますし、既存店であればどの要素が足りていないのか、売上が上がらない要因がどこにあるのかを判断するヒントにもなります。

この基本を踏まえたうえで本文を読み進めていただければ、立地戦略とビジネスモデルについて体系的に理解が深まるでしょう。

なお、10要素と売上の関連は、「売上要因分析」といって、実は計算式を使うことで定量的に表すことができます。しかし、本書では立地戦略の概略を徹底的に理解し、体感していただくことを目的としていますので、売上要因分析の計算式については省略します。我々が実際に売上要因分析を行い、新店がどれくらい売り上げるのかを予測する「売上予測」を行う際には、10要素をさらに細分化して60～70ほどの要素を用います。非常に専門的な内容です。本書を読んで、さらに深く立地と売上について知りたいと思ってくださった方は、『店舗出店戦略と売上予測のすすめ方』(ディー・アイ・コンサルタンツ編、同友館)をご一読いただければと思います。

それではいよいよ、「街中、戦略だらけ」と私がいう、その内容を開陳してまいりましょう。うまくいっている店、企業というのがどれほど真剣に立地を考えているかを感じ取り、店舗経営者もそうでない方も、街を見る目が変わることを願っています。

第1章：ロードサイド、人間心理を読んだ戦略の宝庫

ロードサイドは戦略の宝庫

まずは、私たちの身近に必ずある「道路沿いにある店舗」、すなわちロードサイドの店舗を中心に見ていく。同じチェーンの店舗でも、駅前の店舗とロードサイドの店舗では店舗の形態も異なれば、出店戦略も異なる。

そこには「運転中のドライバーから見た店の見え方」や「ドライバー目線での入りやすさ・入りにくさ」など、さまざまなユーザー視点が見事に織り込まれている。人間の心理が立地戦略に深く影響していることもわかっていただけるだろう。

そのため、立地戦略とはいったいどんなものか、その大枠を体験的に理解しやすいのがロードサイドの店舗だと筆者は考えている。

自動車を運転される方は、ドライバー目線で、普段通る道を思い出しながら読んでいただけると、「わかる!」と思わず共感する内容が目白押しではないかと思う。運転はしないという方も、大通りや通り沿いの店は身近にあると思うので、ロードサイドをイメージしながら読み進めていただき、立地戦略の基礎を理解していただければ幸いである。

図2　受け角

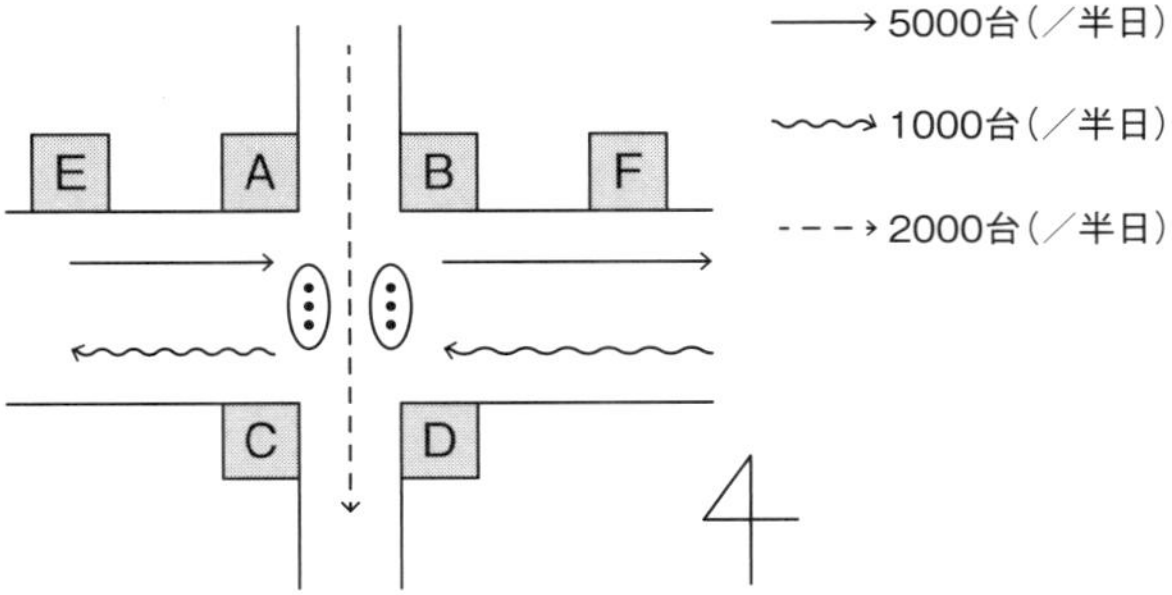

◆ロードサイドの出店は「受け角」で決まり

図2をご覧ください。ロードサイド沿いに、AからFまで6つの場所を示しています。交差点を横に走る道の交通量は、西から東へ走る側が5000台（／半日）、縦に走る側は2000台です。

ここで問題です。もし、あなたがコンビニを出店するとしたら、A～Fの中のどこに出店するでしょうか？　一番儲かりそうな立地を考えてみてください。

正解は、「B」です。本書のオビでは簡略化したクイズを載せていますが、答えは同じです。これはコンビニの立地、特にセブン‐イレブンに顕著な立地なのですが、交差点に出店する場合、最も儲かるのはBの場所です。

まず交差点で交わる2本の道路については、交通量の多いほうを基準に考えます。自動車が半日で5000台走る道と2000台走る道では、5000台走る道のほうが基準になります。できるだけ人口が多いところに出店する考え方と同じで、少しでもお客様をつかむチャンスを増やすためには、交通量の多い道を基準に考えます。

基準にする道を選んだら、その道の「左側」に照準を絞ります。基本的に、日本では人も自動車も左側通行だからです。その時点で、もし道が西から東へ向かう一方通行なら、進行方向右側にあるC、Dの立地は候補から消えます。Uターンするのは面倒ですよね。

では、交通量の多い左側にある残りのA、B、E、Fはどこでもいいのかといえば、そうではありません。交差点に信号がある場合、信号の手前よりも、信号の先にお店があったほうがいいとされています。なぜか。手前でも奥でも車での入りやすさ・入りにくさは変わらないと思われるかもしれませんが、出るときを想像してみてください。お店の駐車場から道路に出るときは、信号の奥のほうが出やすいですね。オビのクイズの正解がBなのはこれが理由です。

信号待ちで車が連なって止まっていると、手前のAやEのお店からは出られません。列が途切れたときか、列のどこかに割り込まなければいけないからです。信号が青になり、列車の列が動き出したらタイミングを見計らってようやく道に出られます。よって、交差点手前のＡとＥは候補ではなくなります。

これが信号より先のＢの場所であれば、渋滞していない限り、信号が赤になっている間に道路に出ることができます。交差点から曲がってくるような車がなければ、スムーズに出られるでしょう。道路に出るための障害が交差点手前よりずっと少ないのです。

ドライバーは、車を運転している最中は視野がギューッと狭まるといわれています。周りの景色をよく見ているというより、前の車や信号、横を走るバイクなどに注意を向けています。これが、信号で止まった瞬間にポンと視野が開けてリラックスできます。信号で止まると一瞬ホッとする感覚を覚えることがありませんか？　まさにそのときに、狭まっていた視野が開けて、「あ、信号の先にコンビニがあるな」と認識できるのです。

では、なぜＦよりもＢのほうがいいのでしょうか。

ふたつの立地の違いは、Ｂが交差点の「角地」にあるという点です。角地というのは、２本の道路に面している場所のこと。この図では、５０００台が走る道と２０００台が走る道です。そうなると、Ｂは両方の道からお客様を集めることができるので、合計して７０００台の交通量を持つ立地、ということになります。Ｆは５０００台が走る道にしか面していません。よって、より交通量の多いBがベストの立地、となるわけです。

ちなみに、立地に関わる業界では、Aの立地を「送り角《かど》」、Bの立地を「受《う》け角《かど》」といいます。ロードサイドに出店するならば、ふたつの道に面する交差点の角地の「受け角」を狙うことです。

セブン-イレブンは、確実にこの立地に出店しています。もし「送り角」にセブン-イレブンがあったら、私は〝あぁ、今は『受け角』の土地を狙って交渉している最中なんだなぁ〟と思うくらい、徹底しています。それだけ、ロードサイドのベストな立地は受け角、と決まっているのです。

◆マクドナルドのカーブ戦略

マクドナルドは立地戦略に基づいて、足並みが揃った出店をしていると感じています。店舗数は非常に多いのですが、出店場所を細かく分類して、それこそ数百通りほどにも分けて、売上予測を立てていると聞いています。それだけ綿密な出店をしているマクドナルドは、ロードサイドのカーブの立地に際立った特徴を持っています。

カーブには、アウトカーブとインカーブの2種類があります。図3-1をご覧くださ

図３－１　カーブ

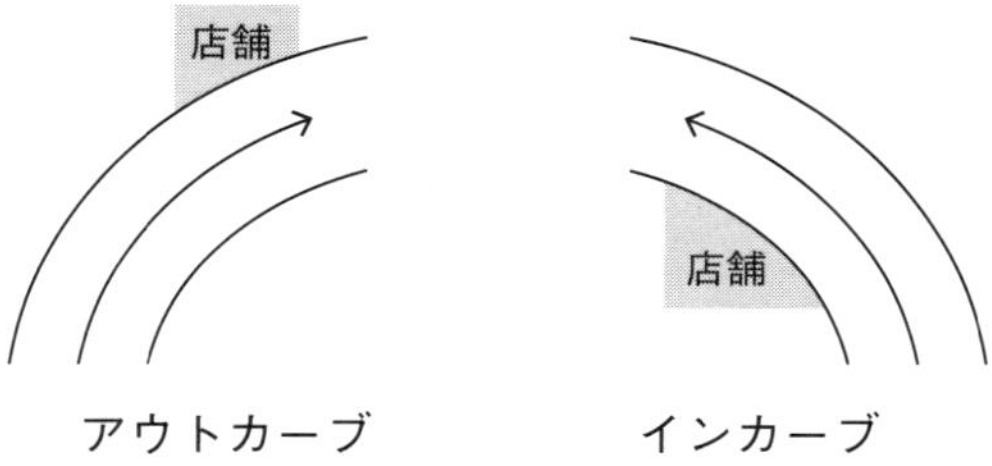

図３－２　カーブを曲がるときの視線

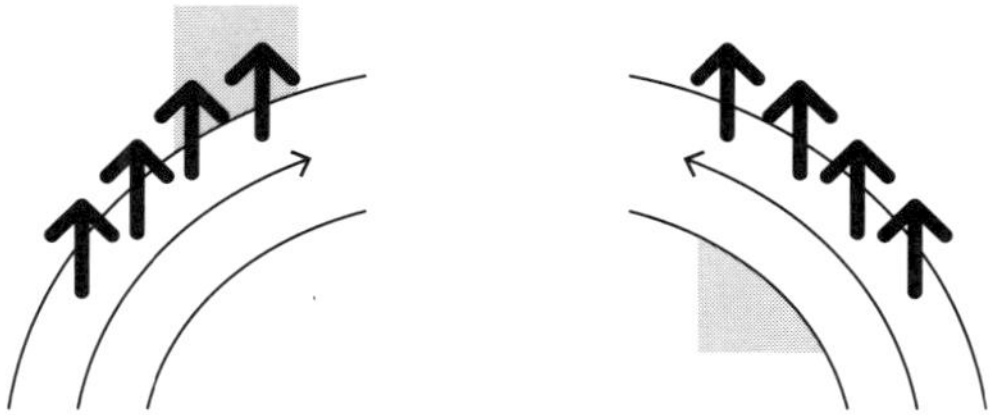

い。店がカーブの外側にあるのがアウトカーブ、店がカーブの内側にあるのがインカーブです。マクドナルドは、このうちどちらかのカーブにしか店舗をつくっていません。どちらだと思いますか？

正解は、アウトカーブです。カーブしている道の外側、カーブの中盤から曲がり切るかどうかの場所に出店しています。なぜアウトカーブなのでしょうか。その理由は図３－２の中に太い矢印で示しているドライバーの目線からわかります。

どちらのカーブの場合も、視線は

カーブの外側のほうへと動いていきます。だから、アウトカーブに店を構えれば、カーブを曲がるとほぼ真正面にお店が見えてくるのです。しかも、お店のかなり手前、カーブの曲がりに差し掛かったあたりからお店が見えてきます。

一方、インカーブに店を出しても、視線はカーブの外側のほうへ動きますので、反対車線のほうを見ていることになり、店には目がいきにくいです。右から左へカーブする道のアウトカーブ側にお店があったとしたら、やはり真正面にお店は見えてくると思うのですが、左側通行のため見えにくいうえ、お店にはかなり入りにくいですよね。

だからマクドナルドは、図3－1の左側のように、アウトカーブ、しかも二車線道路ならば左から右へカーブしている場所を中心に出店しているのです。

次回運転されるときは、お店がアウトカーブに多いことを実感していただきたいと思います。二車線道路の場合、左カーブと右カーブのどちらのお店に目がいくかも、意識して見ていただくと面白いでしょう（くれぐれも安全運転でお願いします）。

運転しない方は、ショッピングモールでもなんでも、カーブしている道を見つけたら、「カーブの内側と外側のお店、どっちが目につくか」を試してみてください。きっと、内側よりも外側のほうがずっと目に入りやすいと思います。

このように、ドライバーの目線まで考慮したうえで、出店先は決められているのです。

◆「駐車のしやすさ」は目の錯覚でも十分効果あり

次ページの2枚のイラストをご覧ください。どちらも都内にあるスーパーマーケットの駐車場のイラストです。AのスーパーとBのスーパー、自動車でやってきたあなたは、どちらの駐車場のほうが駐車しやすそうだと思いますか？

Aのスーパーの駐車場では、駐車スペースを区切るラインが1本線です。最もオーソドックスなラインだと思います。一方、Bのスーパーの駐車場は、ラインがU字形をしていて二重線になっています。最近、さまざまな駐車場で見かけるようになってきました。

どちらでも変わらない方もいるかもしれませんが、運転が苦手な方、特に女性で運転が得意ではない方からすると、実はBのスーパーのような二重線になっている駐車場のほうが、ずっと駐車しやすいと感じるそうです。

これは、二重に線がある分、隣の自動車との間隔が広く見えるからだといわれています。実際は、ラインが1本でも2本でも隣の自動車との間隔はたいして変わりません。でも二重線になっていることで、1本のときよりも隣の自動車との幅がある、スペースが広

図4　駐車のしやすさ

Aのスーパー

Bのスーパー

くなっているように錯覚するわけです。

駐車場にバックで停めることに対して苦手意識を持っている方も多いので、そんな心理的障害を軽減するために、女性のお客様が多いスーパーマーケットやデパート、ドラッグストアの駐車場などでは、U字形の二重線を採り入れる工夫をしているわけです。運転が得意な方からすると、「たったそれだけのことで？」と思うかもしれませんが、小さな心理的障害を侮ってはいけません。

来店時、駐車に失敗して車体をこすったり、隣の車と接触しかけたりすれば、それが嫌な記憶として残り、次回以降、あの店はやめておこうかな、という気持ちが湧いてきます。遠からぬ場所に駐車しやすいお店があれば、「あのスーパーは駐車しにくかったから、こっちのスーパーにしよう」と思って通わなくなってしまうこともあるのです。

頻繁に通ってくれる主婦のお客様の来店チャンスを、こうした理由で逃していくのは惜しいことだと思いませんか？　ちょっとした違いかもしれませんが、その小さな工夫の有無が、「次の来店」につながるかどうかを左右するのです。

◆お店の入り口の縁石を見てみよう

お客様の来店チャンスを確実につかむためには、それに適したアプローチのある立地を選ぶ必要があります。これは、10の売上要因のうちの立地要因・構造因子「⑤アプローチ」に当たります。前項目の駐車場のラインも、ここに含まれます。

アプローチとは、いわば店舗の敷地や建物そのものへの入りやすさのことです。心理的障害が高くなると、お客様はお店に入ってきてくれません。繰り返し来店いただくためにも、店舗側はできる限り入りやすい工夫、「入りにくい」と思われない工夫をすべきです。

たとえばロードサイドの店舗に自動車で入ろうとするとき、歩道の縁石が低くなっているところから入ろうとしますが、片方のタイヤが縁石の端をこすって乗り上げるような状態になることがあります。

「あっ！　やっちゃった……！」。気をつけて曲がったつもりなのに乗り上げてしまい、車体のどこかにキズが付いたりしていないかと焦りますよね。

図5のイラストの縁石は、一部が黒ずんでいます。ロードサイドの店の進入口付近の縁石をよく見ると、こうなっているところは珍しくありません。何台ものタイヤがこすった

図5　黒ずんだ縁石

ために、変色しているのです。

なぜ、頻繁に乗り上げてしまうのでしょうか？

理由は、駐車場の進入口の幅が狭いからです。

縁石というのはひとつが約60センチほどで、およそ10個分、約6メートルが進入口の幅になります。このスペースがどれだけ確保されているのかが重要です。

乗り上げている自動車が多いようであれば、進入口の幅が狭いということ。一度乗り上げてしまったお客様は、「また乗り上げたら嫌だな」「いつか本当に車体をこするんじゃないだろうか」と考えてしまい、お店から足が遠のきます。

ちょっとしたことですが、進入口の幅というのも「心理的障害」になり得ます。出店する際、建物そのものや敷地の広さ、交通量などはみなさん気にするものですが、道路からの入りやすさも考えてほしいポイントです。実際に運転してみて、駐車場に入りやすいか確かめられることをおすすめします。

◆「右折嫌い」でもリピートしやすい立地

「入りやすさ」という点では、道路から右折して入ってくるお客様のことを考えた立地というのも、ファミリー層向けのチェーン店では重要です。

対向車線をまたがなければいけないため、右折を苦手とする方は女性を中心に多くいます。私の知人女性は、絶対に右折したくないがために、右側のお店に入るときには3回左折するといっていました。そこまではないにせよ、〝右のほうにコンビニが見えるけど、できればここで右折したくないから、もう少し先の左側にあるコンビニに行こう〟そんなふうに思ったことがある方は、決して少なくないのではないでしょうか。

対向車線にビュンビュン自動車が通るようなところで右折をしようと思うと、タイミングを待たなければならず、後ろの自動車からの無言のプレッシャーに焦りが募ります。

しかし、右折が苦手な方でも、落ち着いて曲がれる地帯が道路上にはあります。

図6をご覧ください。斜線の部分は、道路のセンターラインに沿った「導流帯」という

図６　導流帯

スペースです。導流帯があると、この中に止まって曲がるのを待つことができます。

後ろからの自動車は横を通ることができるので、いつまで待っていても文句をいわれることはありません。

実は、こういった導流帯があるようなところに、丸亀製麺をはじめ、サイゼリヤなどのファミリー層向けの大手飲食チェーン店はきちんと出店しています。この手のお店は、お母さんと子どもというペアで来店されるお客様も多いため、運転しているお母さんに配慮しているわけです。

すべてのロードサイドの店舗がそうだというわけではありませんが、大通り沿いの丸亀製麺やサイゼリヤは「セオリー通りのところに出しているな」と思うことが頻繁にあります。「大手だからどこに出店しても儲かる」と思われがちですが、お客様に少しでも「入りやすい」と思っていただける場所を考えて出店しているからこそ、チェーンの人気を維持することができるのです。

◆時代によって駐車場の位置も変わる

ロードサイドにあるコンビニエンスストア、特に郊外にあるようなコンビニは、今どこも駐車場がとても広くなっています。

コンビニが増え始めていた1970年代頃は、図7の上のような配置のコンビニが多かった印象があります。駐車場は店の目の前にくっつくようにして4～5台分、道路から突っ込んで駐車するかたちです。このタイプの駐車場は、入るのはいいですが出るのが大変です。駐車スペースも広くないので、そのままバックで後ろの通りを気にしながら出るしかありません。運転が苦手な人には嫌な立地でしょう。

今は図7の下のような配置が主流で、上のような立地のコンビニはほとんどなくなっています。どちらがドライバーにとって利用しやすいか、一目瞭然ですね。以前のコンビニは100坪ぐらいだったのですが、今は平均600坪ほどです。しかも、店舗の建物自体

図７　コンビニ今昔

・昔のコンビニ

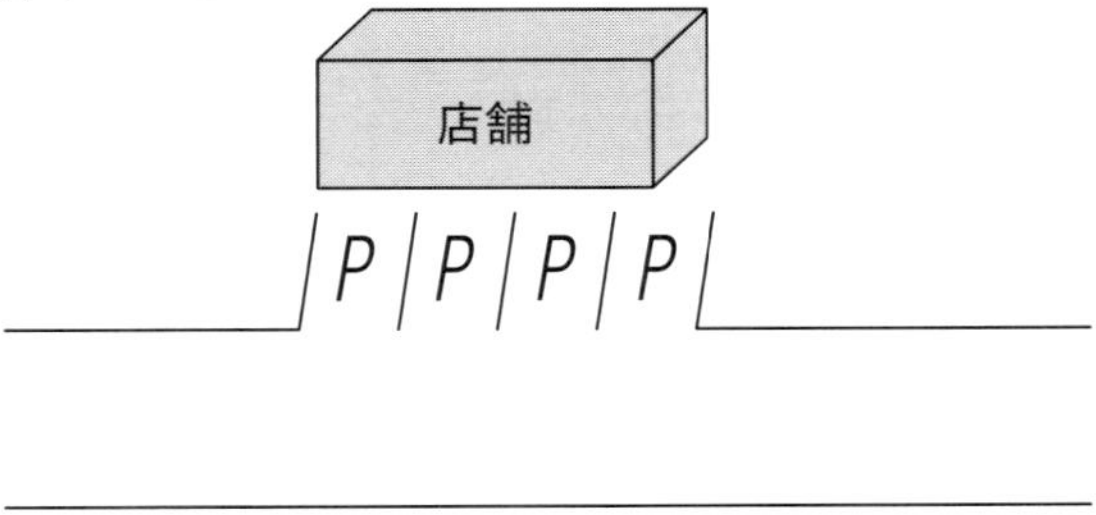

・最近のコンビニ

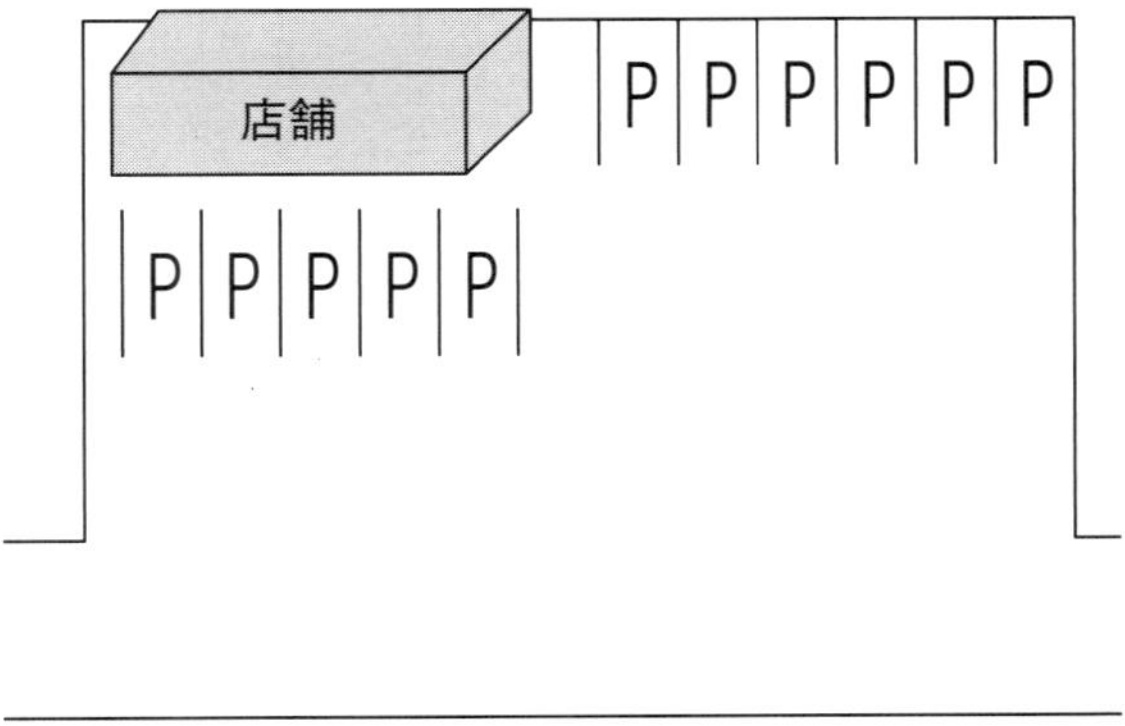

のサイズはほぼ変わっていませんので、6倍にもなっているのは駐車場のほう。10台ぐらいは停められるところが増えています。

特に、走っている車の速度が速い道路は大型車が多い傾向があります。幹線道路や国道など、長距離移動をするトラックがビュンビュン走っているような道路沿いのコンビニは、駐車スペースも広くとり、大型車専用のサイズでスペースが区切られていることも珍しくありません。コンビニにとって、大型車のお客様が増えることは売上増につながります。長距離移動のお客様は、買われる品数も多くなるからです。

このように、時代の変化によって求められる立地は変わっていきます。以前は、ただそこにあれば十分だったコンビニも、どこにでもあるような時代になると、少しでもお客様が利用しやすい立地を追求し始めます。そして、他チェーンのコンビニより少しでも多く利用してもらえるような工夫が立地に施され、差別化が図られていくわけです。

◆看板と街路樹

コンビニによっては、店舗があることをドライバーに知らせるために、通常より低い看板を置く店も増えてきました。地上2～3メートルくらいのところに掲げてあります。こ

図8　運転席から見た図

れはドライバーの目の高さに合わせるための高さです。

本来のお店の看板は、高さが20～30メートルほどのもの。少し離れた場所からでも、「あそこにコンビニがある」とわかるように背の高い看板を設置しているのです。ところが車を運転していると、そのくらい高い看板は逆に見えづらくなり、お店に近づけば近づくほど看板は見えにくくなります。運転中は座っていますので、当然です。

特にわかりにくいのが、まっすぐで、街路樹が植えてあるような道です。木が看板に連なってしまうのです。

これは売上要因のひとつ、「②認知性」に関わります。「認知性」は「視界性」と「周知性」に分かれますが、このケースでは見える・見えないを評価する「視界性」が問われます。街路樹によって、店舗自体も運転席からは見えにくいことも考えられます。

これを避けるために、背の低い看板を採用する店舗が増えているのです。ドライバーの目の高さに合っていて、木の茂みにも隠れないサイズの看板は、まさに「視界性」を高めるためにピッタリです。

◆ドライブスルーは小さい店舗ほど付いている

ロードサイドで開店するか、駅前や繁華街で開店するか。最初にお店をオープンする場所は、その後の店舗展開においても大きな意味を持ちます。ロードサイドで成功したお店は、同じようにロードサイドで展開していくほうが成功しやすいのです。駅前で人気を得たお店は、その後も似たような駅前の立地に出店するほうがうまくいくでしょう。

ロードサイドの店舗が発祥で、ロードサイドにどんどん出店を重ねて成長しているようなチェーン店は、駅前に出店すると意外と苦戦することがあります。それは第3章で説明するように、店にとってベストのオペレーション（レジと客席の配置など、店の構造）が、立地先の条件によって変わってしまうからです。

わかりやすい例でいえば、ハンバーガーショップの駅前の店舗と、ロードサイドにあるドライブスルーのある店舗では、オペレーションがまったく異なります。

普通の店舗では、注文を受ける店員と、できあがったハンバーガーを渡す店員は同じだと思います。混雑していて番号札を渡されるようなときは違う店員から渡されることもありますが、カウンターで注文とお金のやり取りをしている間に商品ができれば、その場で注文をとってくれた同じ店員から渡されます。

一方、ドライブスルーの場合、入り口付近の窓口で、店員かマイクに向かって注文します。注文後は、店舗の周りを車を移動させながら完成を待ちます。最後に店舗の受け渡し窓口に着くと、商品とお金のやり取りです。

このように、まず店員の人員配置が異なります。ドライブスルーは１列に並んだ車から順番に注文を受けるスタイルなので、注文を受け付ける店員は１人いれば十分です。ドライバーに商品を渡す店員も、１人で対応可能です。店内カウンターの対面式では、レジが複数あるため１人だけで対応することはありませんよね。

これが、オペレーションの差です。ハンバーガーショップにはハンバーガーショップのベストのオペレーションがあるように、各業態、各チェーンにはベストのオペレーションというものがあります。それを実現できるところに出店するのが望ましいのです。

ちなみに、ドライブスルーの店舗で、とても儲かっているところがあります。広域に移動する車がたくさん走っている道路沿いなどがそうです。先を急ぐ中、いちいち車を降りずに簡単に買うことができるというのは魅力ですね。

ドライブスルーは、店舗が少し狭いときにこそ有効です。席数を用意できない場合、ドライブスルーを採り入れることでテイクアウトの数を増やして売上を確保するのです。

ですから、個人経営の飲食店であっても、店舗が小さいからと諦めてはいけません。ドライブスルーを見習って自店でもテイクアウトを可能にすれば、その分のお客様を取り込めます。最近では、焼き鳥居酒屋の焼き鳥や、イタリアンレストランの本格窯焼きピザなど、さまざまな個人経営の飲食店でテイクアウトをしているところが増えてきています。チェーン店の店舗展開から、このような視点を学ぶこともできるのです。

◆相乗効果を狙ったロードサイドの「ゾーン効果」

最近は、レンタルビデオショップの「ツタヤ」や「ゲオ」などの店舗と、すぐ隣にコンビニがくっついて出店しているような場所をよく見かけます。それぞれの店舗に来るお客様をついでに取り込む、それぞれの店舗の相乗効果で売上を上げようという考えから、こうした出店、いわゆる「ゾーン効果」を狙った出店が増えているのです。

映画のＤＶＤを借りたついでに、その映画を見ながら食べるお菓子をコンビニで買う――自然な流れですよね。最初はそんなつもりがなかったとしても、隣にコンビニがあったら「ついでに買っとくか！」と思う気持ちはわかるのではないでしょうか。

あるいは、複数の店舗がくっついて出店している場合もあります。たとえばお近くの道路沿いに、バーミヤン（中華）と魚屋路《ととやみち》（回転寿司）と夢庵《ゆめあん》（和食）が並んで建っていたりしませんか？　食事に行こうかというとき、何にするか決める前に「とりあえずあの辺に行ってみて、着いてから考えるか」などと話したことがある方もいるかもしれません。

実はこの３社、すべて「すかいらーく」が経営するお店だからくっついているのですが、扱うジャンルが違うのでこれも自社内でつくり上げたゾーン効果といえます。

自社内でなくとも、複数の企業がいろいろな飲食店を出店する大通りもあります。どこの店も行列したり賑わっているようならば、それは質と量ともに店舗どうしのバランスがよかったといえます。これが、ある一定の数を超えてしまうと、今度は競合店による供給過多の問題が起こってきます。人気店だけが儲かって、その他が共倒れになってしまったら「ゾーン効果」はなくなります。

同じ通りにイタリアンが５軒もあったり、お寿司屋さんが３軒もあれば、お客様が偏るのも無理はありませんよね。人口とのバランスに注意しましょう。十分な人口量があれば、似たり寄ったりのお店が30店舗あろうと問題ないでしょう。渋谷や新宿などはそういう街ですね。安くて気を遣わない居酒屋が、所狭しと並んでいます。しかし、少ない人口量の場所に30店舗もあったら、これはもう競合過多になってしまいます。

飲食店は、人口とのバランスで出店を考える必要があるのです。

◆同じ業態が集まるとどうなるか

ショッピングセンターには、たいてい旅行代理店が入っています。JTB、H.I.S、近畿日本ツーリストなど、利用したことのある方も多いのではないでしょうか。

ここで、みなさんに問題です。AとB、ふたつのショッピングセンターがあります。Aは複数の旅行代理店が1カ所に集められています。Bは複数の旅行代理店がセンター内のバラバラの場所に出店しています。どちらのショッピングセンターのほうが、各旅行代理店合計の売上が高くなると思いますか？

答えは、1カ所に複数の店舗が集まっているAです。同じ業態が集まると、相乗効果で売上が上がります。近くに数多く同じ業態の店舗があったら、お客様を獲りあうことになり、結果的に売れないのではないか、と考える方もいると思いますが、自分がお客様の立場だとするとどうでしょうか？　同じ場所に集まっていれば、それぞれの店舗のパンフレットを見比べるのも簡単です。混雑具合を見て、「空いているあっちの代理店にしよう」と臨機応変に決められます。「とにかくあそこに行けば旅行情報を得られる」と認識してもらえれば、繰り返し活用したい場所だと思ってもらえることでしょう。

こういった出店は、デベロッパー側が企業のほうに提案していると思います。お客様にとって便利な店舗配置を考え、それを優先するスタンスだと、こうした出店が可能になります。出店する側も、集まっているほうが売れるのであれば、相乗効果を狙えるところに出店したいと思うでしょう。

ただ、「同じ業態は必ず集まっているほうがいい」といい切れるほど、商いの世界は単純ではありません。同じ業態の店舗が、ショッピングセンターなどではなく、単に近隣に集まっている通りや地区というのは、都内だけでもたくさんあります。

たとえば、目黒区を貫く目黒通りは、通称インテリア通りと呼ばれています。オシャレなインテリアを扱ったお店が約60店舗も軒を連ねているため、いつしかそう呼ばれるようになりました。

近隣にさまざまなインテリアショップがあれば、商品の比較が簡単にできます。何度も電車に乗って店を見比べるのは大変ですが、同じ通り沿いにあるとなれば、天気のいい日にあちこちの店を見て歩くのも面白いでしょう。最初からインテリアを見ることを目的に訪れる人が多いので、購入の可能性も高いはずです。そういう意味では、同じ業態の店舗が集まる場所の存在は、大いに賛成したいです。

ですが、注意していただきたいのは、同業が集まるエリアに出店した店舗すべてが成功するとは限らない点です。こうした場所で成功するお店は、商品に魅力があり、他店と戦える競争力があるお店だけです。同業で集まるところへの出店は、レッドオーシャンに飛び込むという見方もできます。

目黒通りには私も何度か足を運んだことがありますが、長く続くお店と、「あれ、あのお店はなくなっちゃったのか」というお店があります。同業と並んだとき、他店より優れたものを提供できるか、際立ったブランドを確立できるか、それが問われるのです。

◆道路を走る車の速さもポイントに

同じ距離の道路でも、その道路を走る車がどのくらいの速度を出しているかによって、店舗の出店に影響が出ます。たとえば住宅街などを走る生活幹線道路の場合は、車の速度は速すぎず遅すぎず、普通に「流れている」というイメージです。ゆっくり運転しなくてはならない場所では、当然渋滞がちになります。

広域幹線道路は、基本的に速いです。自動車がビュンビュン走っています。そして、通る車の速度が速ければ速いほど、その道路沿いの店舗は意外と売上が上がらない面があります。交通量が多くても、これには注意しなくてはいけません。

たとえば国道16号線は、神奈川県から東京都、埼玉県に入り千葉県のほうまで抜けていく道路で、かなり広域にわたって続く、物流などでよく使われる道路です。物流で道路を使う人たちは、プライベートではなく仕事で運転しているので、１秒でも速く目的地まで行きたいと考えます。すると、運転している最中に、どこかのお店に寄ってゆっくりしようとは思わないですよね。お店に立ち寄ること自体が多くないのです。

車の速度が速いところに出店することは必ずしもよくないというわけではありませんが、もし出店するのであれば、間口が小さい店舗だとまず気づかれません。敷地に入るための間口もそうですし、店舗の間口もとにかく広めにしておくべきです。

それはドライバーが見逃さないためでもありますし、広域を移動する大型トラックが多いことを想定して、敷地に入るときに乗り上げたりしない広さを確保するためです。生活道路であれば多少間口が狭くても何とかなりますが、速い道であればあるほど、売上確保のためにも「目に留めてもらう」ための気配りが必要になります。

◆道路の質によって看板の出し方も違ってくる

「1日に1万台が走っている道路」といっても、その質はさまざまです。1万台が速い速度で「通過する」だけの道路もあれば、地元の住民がせわしなく通って1万台の道路もあります。量は同じ1万台なのですが、質の面ではまったく異なります。

ですから、単純に道路、ロードサイドを交通量の面だけで捉えて、それだけで判断してはいけません。その道路がどういう道路なのか、長距離移動のための幹線道路なのか、地元住民のための生活道路なのか、きちんと質も見る必要があります。

たとえば前述のように、長距離移動のトラックなどが多く走る広域幹線道路というのはスピードを出します。一方、住宅街にある生活幹線道路は、女性が子どもの送迎や買い物のため、軽自動車でのんびりと走っていることが多いです。

これらふたつの道路では、視界性の観点から考えると看板を出すべき場所が変わってきます。広域幹線道路のような走行速度が速い道路では、運転していると頻繁に大きな看板を見かけるでしょう。「マクドナルド、この先3キロ」といった看板です。このような看板を、野立《のだ》て看板と呼びます。

ロードサイドに看板を設置する場合、店舗まで3キロ、1・5キロ、1キロ、500メートルという4カ所に設置することが多いです。店舗まで3キロというと、まだだいぶ距離があるように感じますが、3キロ手前からドライバーに認識させ、「行こうかどうしようか」と検討してもらわないと、あっという間に店の前を通り過ぎてしまうのです。

ロードサイドの大型の野立て看板自体は、設置するのにそんなに費用がかかりません。場所によっては非常に安く、年間3万円ほどの賃料（看板制作費は別）ですむようなこともあります。その金額であれば、出さないよりも出したほうがいいですよね。

これが生活道路であれば、そんなに広域に看板を設置する必要はありません。それよりも、しっかり店舗周辺に認知を広げるために「のぼり」の設置や、できればチラシ配布をしたほうがいいでしょう。

◆ファミリー向け飲食店は子どもの心をつかむべし

手軽に食べられるセルフうどんのチェーン店が、都内にも増えています。受け取りや返却をお客様自らがセルフサービスで行う業態のうどん店です。

中でも、今一番勢いがあるのが、全国展開している丸亀製麺です。ショッピングセンターのフードコートなどに入る店舗も多いですが、目を引くのがロードサイドの大型店舗。ただ、それはいつも私が感じる「いい立地だな」という感覚とは、少し違います。

単純な立地の良し悪しでいうと、特に独自性や意外性があるわけでもなく、基本に従った確実な出店をしている印象です。しかし「いいな」と思うのは、「このお店に行きたい」と思わせる、目的性を持たせることが非常にうまい点です。

郊外のロードサイドの丸亀製麺をイメージしてください。大型店舗の広い駐車場にはズラリと車が並び、休日ともなればたくさんの親子連れのお客様で賑わっています。

こうしたファミリー層に人気の理由は、他の飲食チェーン店とは一線を画す「ライブ感」です。店内に入るとうどんの種類を注文し、お盆をレーンに載せて、ビュッフェスタイルのように列に並んで進みます。このとき、トッピングとして数種類ある天ぷらをお皿に取ったりするのですが、目の前でうどんがつくられる様子を見ることができるのです。

店員がうどんを打ち、専用の機械に入れると、麺が切れた状態でにゅるっと出てきます。珍しい様に子どもは大喜びです。麺を茹でて勢いよく湯切りする店員や、天ぷらを手際よく揚げている店員の姿を見ながら、レジの順番を待つことになるわけです。

この「ライブ感」こそが、「子どもの心」をつかんでいます。飲食のチェーン店で、ここまで料理がつくられるところを見られる業態は、ほとんどありません。多くのチェーン店の厨房は、お客様から見えない裏側にあるか、一部の様子がチラリと見える程度です。

目の前で調理をするライブキッチンをウリにしているようなところは、こじゃれたダイニングや鉄板焼き、回らない寿司屋など、意外とファミリー層には手が届きにくいところだったりするのではないでしょうか。だから、目の前でイチからうどんがつくられる様子をしっかり見られるのは、他店との大きな差別化になっているのです。

実はロードサイドのファミリー向けの飲食チェーン店は、いかに子どもの心をつかむかがカギになっています。子どもに、「あのお店に行きたい！」と具体的に店名を出されると、親としては、「じゃあ、今日はそこに行こうか」と応えることになるからです。

このようなエンターテイメント性は、ファミリー層に訴えかけるにはとても有効な手段です。かっぱ寿司をはじめ、回転寿司のチェーン店で流行っているのが、注文すると新幹線のミニチュアに載せられた寿司が運ばれてくるシステムです。自分の席のところに自動的に止まるのが楽しく、食べ終わったお皿を返却口に入れるとゲームができるような店舗もあります。

親子連れに、わざわざもう一度行きたいと思わせる店舗づくりが、飲食チェーンで人気を得るためには求められているのです。

◆ロードサイドの立地戦略、この極意に学べ！

・交差点では交通量の多い道を「基準」とし、「受け角」をおさえるのがベスト。セブン-イレブンなどは確実にここをおさえている。

・「入り口が狭い」「駐車しにくい」「バックで出るのが怖い」そんな心理的障壁が、リピーターを減らしている。

・同じ業態で集まるべきか、ばらけるべきか――。それは人口とのバランスで決まる。

――人間心理を汲み取った戦略は、ロードサイドにあり。

第2章：出店争いの最前線！群雄割拠のコンビニ業界に学ぶ

他業界の手本になるコンビニ業界の立地

全国に現在6万店舗ほどあるコンビニエンスストアがことさら立地戦略に力を入れる理由は、市場が飽和状態になりつつあることが深く関係している。

これだけの数があるため、いわゆる〝いい立地〟には「すでにコンビニがある」と考えて間違いない。全国で年間500店舗が閉店しても、1000店舗が新たに開店するような、スクラップ&ビルドな業界。「もう店を出すところはない」といわれようが、少しでも〝いい立地〟を求め、まだ誰も気づいていない場所に隠されたニーズを見つけ出すべく、コンビニは昼夜立地戦略を練り続けているのだ。

本章では、そんな知略張り巡らされるコンビニ業界の立地戦略をお伝えする。私自身、コンビニの立地には驚かされることが多く、常に注目している業界であり、コンビニ以外の業界のクライアントさんにも、コンビニの出店戦略に注目すべきだという話をよくしている。チェーンごとに異なる強化商品から狙う客層、出店の方針やその徹底ぶりを知ると、立地戦略の面白さだけでなく、商売のコツや厳しさすらも見えてくることだろう。

◆貪欲な出店、その裏側の攻防

まずは、コンビニ業界における出店場所の決定方法の大枠をおさえましょう。優秀な人たちが淡々と行っているかと思いきや、その熾烈さから、思いがけずドロドロした一面もあったりします。

コンビニの出店場所は、基本的に会社の本部が決めています。これはフランチャイズの場合も同様です。フランチャイズでもともと多かったのは、かつて酒屋だった店をコンビニにしたい店主がオーナーになって出店するというパターンでした。しかし今はその流れが一段落し、オーナーが自分で物件を持っているところに出店するというよりも、本部が物件を探してきてそこへオーナーを付ける、というパターンが増えています。

なお、オーナーの中には複数店を経営している人もいますが、この方式にはメリットとデメリットの両方があります。

本部側のメリットは、新店舗を立ち上げる際にオーナーを探さなくてもいい点。１店舗目である程度成功をおさめているオーナーであれば、なおさらその人に頼んだほうがいいでしょう。オーナー側のメリットは、当然ながら総体的に収入が増える点です。

本部側のデメリットは、1オーナーに何店舗も任せてしまうと、オーナーの発言力が増してしまうことが考えられます。エリア内にいい物件があって他のオーナーに任せようとしても、「うちにやらせろ」という話になりかねません。そうならないために、1オーナーにつき3店舗まで、5店舗までと、制限しているところもあります。

一方で、法人のオーナーがたくさんの店舗を経営しているケースもあります。ローソンでいえば、東急電鉄がオーナー会社となり、東急線の駅のホームや駅構内に店舗をオープンさせています。

このように、コンビニの店舗の上には、まずオーナーがいて、その上に本部があり、立地については基本的にこの本部が担っているということです。本部がどのように立地を探してくるかはこの後ご説明していきますが、当然、実際に出店してみないことには、その立地が本当に売れるのかどうかはわかりません。

しかし、多くのユーザーが「待っていました!」「ここにコンビニができて、便利になった!」と思える場所をたくさん見つけることが、コンビニチェーンの至上命題です。後々ご紹介しますが、プロが選ぶ立地には、素人には思いつかないような場所で成功している例も多々あります。

◆出店数こそすべて

チェーン店が目指す指標のひとつが、「同一チェーンで1000店舗達成」です。「街を歩くとよく見かける」「どこへ行っても見るよね」という印象を多くの人が持っているチェーン店は、だいたい1000店舗前後からそれ以上の規模になります。

たとえば、ユニクロは846店舗（2016年5月末現在）、ドトールコーヒーは1109店舗（2016年8月末現在）、スターバックスは1198店舗（2016年6月末現在）、ミスタードーナツは1271店舗（2016年3月末現在）、ガストは1357店舗（2016年9月末現在）、モスバーガーは1360店舗（2017年1月末現在）、マクドナルドは2900店舗（2016年10月現在）。こう見ていくと、店舗数と認知度の関係がある程度おわかりいただけるかと思います。

1000以上の規模の店舗数を持つ企業は、当然ながら経営トップが店舗開発に直接タッチすることはありません。少数の店舗を運営している企業であれば、経営者（創業者であることも多いでしょう）自らが候補となる場所を視察して出店の是非を決めたりもしますが、大企業になると店舗開発専門の部署が立地戦略を担っています。

ただ、たとえば本部が店舗開発部門に「この1年で100店舗出店するように」と指令を出したとして、100店舗すべてをいい立地に出店できればいいのですが、それがなかなか難しいのが現状です。最初にも書いたように、コンビニにとって目に見えて魅力的な立地というのは、ほとんど残されていないのです。

そこで、内心では「ここに出店しても売れないだろうな」「この物件は店舗面積もそれほど広くないしイマイチだな」と思っていても、ノルマの100店舗達成のために、無理して出店させてしまうことは、なくはありません。

店舗開発部は、与えられた任務であるノルマの出店数を達成したいからです。実際に店舗の運営を行うのは運営本部というまた違った部署になるため、売上が芳しくなくても、その評価は店舗開発部には影響してこないという事情もあります。

このように、店舗開発と店舗運営が別の部署になっていると、売上の悪い店舗になってしまったときに「運営がしっかりしていないからいけないんだ」「いやいや、そもそも開発がいい物件を持ってこないから売れないんだ」と、お互いに責任のなすりつけ合いをすることにもなります。どんな会社でも見られる構図ですね。コンビニの店舗開発も、ただ数多く出店すればいいわけではなく、一筋縄ではいかなさそうです。

◆コンビニ業界の傭兵部隊

同じ会社に属し、同じ目的に向かっているはずなのに、部署間の争いが起きてしまう――。それは、一面で無理からぬことです。店舗開発というのは特殊な仕事で、ある意味、不動産屋さん的な仕事。そして店舗開発に携わる人々は、ひとつの会社でポジションを上げていくというよりも、さまざまな会社を渡り歩いていることが多いのです。

これがどういうことかおわかりでしょうか。つまり、コンビニ業界だったら、セブン-イレブンで開発をしていた人がローソンに転職したり、その後ファミリーマートに行ったりと、業界内をグルグル回っているのです。場合によっては、他の飲食チェーンの会社に入ったりと、とにかく「横の移動」が頻繁な職種なのです。

物件の情報というのは、会社が与えてくれるわけではありません。店舗開発担当が、それぞれ自分で歩き、自分で調べて増やしていくものです。そのため、社内で新人を鍛えて店舗開発担当に育て上げるというよりも、もともと不動産屋に顔がきく人を採用したり、どこかの会社の開発をしていた人を引っ張ってきたりと、中途採用をするパターンがほとんどなのです。さながら、コンビニ業界の傭兵部隊といった感じでしょうか。

そういう情報を持っている担当者たちは、独自の情報網を広げていき、その中で「この物件を候補に出す」「こっちの物件はまだ持っておこう」といった判断をしているわけです。自分の飯のタネとなる情報ですから、それを人に教えたり、後輩に譲ったりといったことは、人間心理としてそう簡単なことでないというのは、わからなくはないですね。

こうして、独自の情報網を持って会社を横断的に移動する人たちが集まる部署ですから、どうしても一般的な部署よりも会社に対しての忠誠心が薄くなりがちなのは、ある意味仕方がないことだと思います。

とにかくノルマに達するように、自分たちの持っている物件の中から出店候補を見つけてくるので、「よりよい立地を探そう」「少しでも売上が伸びそうな立地を探そう」という作業になかなか懸命になりにくい――これが、今までの状況でした。

最近では、どうしても属人化しがちな店舗開発を、もっと仕組み化したい、店舗開発できる社員をイチから育てたいと考えている企業も増えています。それはそうでしょう。会社の成長の重要なパートを担う部署が揉めていたり、会社との信頼関係がなかなか築けないようでは、不安で当然です。

店舗開発のすべてを仕組み化し、誰が担当になっても同等の結果が出せるように整える。そのお手伝いをするのが、我々の仕事でもあります。出店戦略の立て方から始まり、物件候補が挙がってから判断をして出店するまでの一連の流れをフロー化し、仕組み化していくコンサルタント。その依頼件数は年々増えつつあります。

◆場所は捨ててもエリアは捨てない

ノルマの店舗数達成に走りがちな店舗開発部に対し、ひときわ厳しい対応をしているのがセブン-イレブンです。ご存じ、「７」のマークの最強コンビニチェーンでは、店舗開発部が物件調査を行い提出した土地の評価内容を、本部が机上でさまざまに分析します。その結果、「この物件、評価がちょっとおかしいんじゃないか？」となると、実際に物件を見に行ったりしながら、評価を再確認します。

そして、真面目に物件調査をして、「本当にいける！」という物件を本部に上げてきているかどうかが、店舗開発部の評価の判断基準にもなっています。こうした点を徹底するのがセブン-イレブンの強さの理由だと私は思っています。立地戦略に基づく出店は、コンビニの生命線なのです。

そんなセブン-イレブンの店舗開発で特筆すべきは、「場所は捨ててもエリアは捨てない」というスタンスを貫いている点でしょう。

基本的に、十分検証し吟味を重ねて、「採算が取れると見込んだエリア」に出店していますから、一度出店すればそうやすやすと撤退するようなことはしません。そのエリア内の物件Aに出した店舗の売上が芳しくなければ、そこを潰して、より売上が見込める同エリアの物件Bに出店させる。そうやって、一定のエリア内で場所を変えながら出店し続けているのです。これが、「この間まであそこにあったセブンが、いつの間にかこっちに移ってきている！」というよくある現象の原因です。

一度いいエリアに出したからといって安寧しない。たとえ数軒しか場所が変わらなくても、「よりいい場所」があればそちらに移る。本当に徹底しています。


ところで、セブン-イレブンの店舗といえば、みなさんはどんな外観をイメージしますか？

おそらく、茶系でレンガ色の建物を思い浮かべる人が多いのではないでしょうか。ビル内に入っていたりするとわかりにくいかもしれませんが、ロードサイドの店舗はレンガ色の平屋で長方形の建物がほとんどです。遠くからパッとレンガ色の建物を見ただけで、

「あ、セブン-イレブンだ」と多くの人が認識できる、これも大きな強みです。

街をよく観察しながら歩いている方の中には、「あのレンガ色はセブン-イレブンだ」と思ってよく見たところ、違うお店だったという経験のある人もいるかもしれません。外観は明らかにセブン-イレブンなのに、その中身はデイサービスや学習塾など、まったく異なるテナントが入っていることがあるのです。

これは、もともとセブン-イレブンだったところが移転して、その元セブン-イレブンの物件に他の業態が店舗を出している状態です。そして、20メートルほど先の交差点に、本物のセブン-イレブンがあったりします。これはおそらく、「そっちの交差点のほうが交通量が多いから」「駐車場が広く取れるから」などの理由で移転したものです。

まずは目を付けたエリアに競合店が出店する前に出店し、それからより売上が上がりそうな立地を見つけたら、新たに出店したり、元の店からそこへ移転したりする。そうやってエリア内で展開していくのです。

セブン-イレブンの強さは、出店したらそれで終わりではなく、出店してから「さあ、どうする？」と検証し続けるところにあります。「本当に今の場所でいいのか」「もっと売上のとれる場所が近くにないのか」と考え、少しでもいい立地を求め続けます。「場所は捨ててもエリアは捨てない」」、そんな貪欲な出店戦略は見習うべきでしょう。

◆恵比寿のローソンストア100が大人気になった理由

東京・恵比寿といいますと、みなさんどのようなイメージをおもちでしょうか？オシャレなお店がたくさんあって、芸能人も住んでいるような高級住宅地、「住みたい街」などのランキング上位にいつも入っている……だいたいそんなイメージでしょう。

確かに、恵比寿の駅には流行を捉えたショッピングビルがあり、大勢の人が行き交って、話題の飲食店も軒を連ねています。南の目黒方面へ向かうと、サッポロビール工場跡地に建てられた複合施設「恵比寿ガーデンプレイス」があり、国内だけでなく海外からのお客様が訪れているのも見られます。西の代官山方面の路地に入れば、隠れ家のような雰囲気の高級飲食店やセレクトショップがひっそりとたたずんでいます。

そんな恵比寿に、安さが売りのローソンストア100がオープンしました。ローソンストア100は、水色に牛乳瓶の看板でおなじみのローソンと異なり、緑色の看板に目玉デザインの「100」が目立つロゴで展開されている、100円の価格帯の商品を扱う生鮮コンビニです。野菜や果物といった生鮮食品をはじめ、惣菜や日用品を扱い、100円という安さと使い切りサイズの商品ゆえに、単身者や高齢者に人気があります。

オシャレで高級なイメージの恵比寿に、１００円の生鮮コンビニ……。

ちょっと不釣り合いな気がしますよね。

「そんなところに出店しても、儲からないのでは？」と思うのではないでしょうか。

ところが、この店舗が、なんと出店後まもなくから大変な売上を上げたのです。

このローソンストア１００が出店したのは、恵比寿駅から東の方面、広尾駅とのちょうど中間あたりです。駅からは結構距離があります。なぜ、こんなところでトップクラスの業績が上がったのでしょうか。

駅の喧騒から離れたこの地域は、古い一軒家が建ち並び、都会的な駅前とは明らかに雰囲気が異なります。実は、かつてそのあたりはネジ屋や鉄工所といった小さな工場が建ち並んでいた工業地帯で、今は準工業地域に指定されています。人が集まるような商業施設は、恵比寿の駅前にしか建てられない決まりになっているのです。

ここまで来れば、だんだんわかってこられたのではないでしょうか。

そう、ローソンストア１００がここに店を出した理由は、「この地域に住む人のための安いスーパーマーケットが近隣になかったから」でした。駅ビルには高級志向のスーパーマーケット「ザ・ガーデン」が入っていますが、昔から一軒家に住んでいるような方たちにとっては家からも遠いし、商品も高いので、身近にできた100円生鮮コンビニのほうにニーズがあったというわけです。値段の高いキャベツは確かに美味しいかもしれませんが、普段自分が食べる分には100円で買えるキャベツで十分と考える人が、恵比寿にも大勢住んでいたわけです。これは消費者感覚として大いにうなずけますよね。

この恵比寿の事例は極端ですが、意外と駅周辺の商業地域の様子や、そこにやって来る人たちの層や雰囲気、賑わいなどといったものと、実際にその地に長年暮らしている人たちや地域の様子には、ギャップがある場合が珍しくありません。

駅前から少し離れると、まったく印象が変わる街というのは全国各地にあるでしょう。イメージ先行で考える前に、しっかり現地の街の様子を見て、本当にそこに、その街に自分が出したい店のニーズがあるのか、見極めることが大切です。

◆女性客獲得にしのぎを削る

コンビニのメインの客層は、40代男性サラリーマンといわれています。

これは、ほぼどこのコンビニチェーンでもそうです。そのためコンビニ業界では、昨今

「いかに女性客を増やすか」がある意味最重要課題となっていて、コンビニの近年史はその試行錯誤の歴史といってもいいような状態です。

各社がこぞってスイーツに力を入れ始めたのも、まさに女性客を取り込もうとしたことがきっかけです。「カフェに行かなくても、近くのコンビニで、この味のスイーツがこの値段で買える」というのをウリにして、現在もスイーツ戦争は続いています。

各社あの手この手で女性客をつかもうと工夫していますが、若い女性客を増やそうとローソンが力を入れて展開しているのが、ナチュラルローソンです。こちらも水色のローソンとは打って変わり、えんじ色に自然を感じさせる太陽と植物を模したロゴが目印です。

女性が買いたくなるようなメニュー・素材・量にこだわった惣菜をつくり、野菜のスムージーなどヘルシーなオリジナルブランド商品も開発、少し値が張りますが女性が買いたくなるような、普通のコンビニでは買えない珍しいお菓子や飲み物なども揃えています。

２０１６年の10月からは、カフェインを約97％カットしたコーヒー「MACHI café カフェインレスコーヒー」を、ナチュラルローソンのマチカフェ導入店舗で発売するという発表もありました。ノンカフェインも最近、健康志向の女性の間でキーワードになっていますので、やはり女性を意識した戦略かと思われます。

さらにはローソンストア100も、主婦や高齢者をターゲットとして展開し、お弁当なども少なめの量のものを置いています。

しかし、さまざまな打ち出しで工夫を重ねてはいるものの、利用客のメインが40代の男性という実情を変えるのは簡単ではなく、若い女性の客層を増やしていくための試行錯誤は、まだ続くように感じています。

ローソンは顧客層に合わせて業態を変えましたが、ファミリーマートでは立地に合わせて業態を変える試みを行っています。ファミリーマートは緑、白、水色の爽やかな看板が浸透していますが、都心のどこかで、黒地に白い字で「ファミマ!!」と書かれたロゴの店舗を見たことがある方もいるのではないでしょうか。「あれ？　ファミリーマート、デザイン変えたのかな……？」なんて思った人もいるかもしれません。

実はこの「ファミマ!!」は、オフィスビルやホテル、図書館、ファッションビルといった複合施設の中に店舗を構えている、ファミリーマートの新ブランド店舗です。ロードサイドなどでよく見かける普通のファミリーマートの店舗とは、看板の色に始まり、一見して様子が違うことがわかります。

明るさがウリのコンビニは、照明も明るく、店内は白系で統一されていることがほとんどですが、「ファミマ!!」は眩しすぎず控えめな照明で、内装は木目調のもので統一されていたり、タイルは黒系だったりと、全体的に黒・茶系の落ち着いた色合いです。店舗が属す施設で悪目立ちせず、施設とマッチする店舗デザインが採用されているのです。

また、広めのイートインスペースがあり、淹れたてのコーヒーや焼き立てパン、温かいスープなどを買って、その場で食べることができます。書籍コーナーも併設されていたりと、ゆっくり過ごせる空間づくりがされているのが特徴です。

「その施設を使う人が快適に買い物できるように」と考えられた、立地重視のコンビニ業態は、今までなかった新しいものです。「これもファミリーマートなの？」と、初めて見た人は印象の違いに驚くでしょう。そのくらいコンセプトを変えて展開しているのです。

では、コンビニ業界の雄、セブン-イレブンはどうでしょうか。顧客や立地によって業態を変えている2社に比べ、セブン-イレブンはあえてそういった異なる業態をつくるようなことをしていません。

「コンビニは、すべての人に間口を広げておくべきであり、必要なときに近くにあって、誰でも気軽に来られることが大切だ」と考えているのです。

これはセブン＆アイ・ホールディングスの鈴木敏文名誉顧問の理念なのですが、この思いから、間口を狭めることはせず、全国どこへ行っても誰もが「これがセブン-イレブンだよね」と思える店舗にしているというわけです。

病院や学校といった施設内、あるいは景観法が適用されている地区などに出店している場合は、その施設にマッチした店舗づくりも進めてはいますが、業態はあくまでも「セブン-イレブン」、このひとつだけです。これは海外でも同じです。

本質的には、セブン-イレブンの考え方は正しいのかもしれませんが、そこまでいい切りブレないでいられるのは、業界1位に君臨し続けている実績と自信があるからこそでしょう。この強烈なまでのセブン-イレブンのインパクトに、他社はあの手この手で戦いを挑んでいかなくてはいけないというのが現状だと、私は見ています。

◆ポプラの人気弁当「ポプ弁」と出店地域の関係

広島に本社を置き、真っ赤な看板に若木のロゴを冠したコンビニ「ポプラ」。全国では500店舗程度、出店しています。

このポプラでは、お弁当が人気の柱になっています。でも、お弁当なら他のコンビニでも十分美味しいのに……と思いますよね。いったい、どんなお弁当なのでしょうか。

正解は、「炊き立ての温かいご飯をその場で好きな量、詰めてくれるお弁当」です。ポプラの店内には、おかずだけが入ったお弁当が売られています。レジに持って行くと、先におかずだけを温めて、それから炊き立てのご飯を入れてもらえる仕組みです。お店で炊いたご飯を最大４５０グラムまで好きな量詰めてもらえる「ポプ弁」は、他のコンビニチェーンにはない独自の取り組みとして、多くの人に支持されています。

では、このような特徴のお弁当を売りにするコンビニ、あなたならどんな場所に出店させますか？　炊き立てのお米を、最大４５０グラム、好きなだけ詰めてもらえるお弁当。白米の量が決まっている他のコンビニチェーンの中で、このポプ弁独自のサービスは、特にどんな人たちに人気がありそうでしょうか。

答えは、力仕事をする人たちです。

だからポプラは、肉体労働者の多い湾岸地域や港湾地域に比較的多く出店しています。独自のサービスと、そのサービスを喜んでくれる客層のいる立地戦略が功を奏すると、強いのは当然です。特定の地域でポプラが並み居る強豪に負けない出店と人気を誇っているのもうなずけます。

ちなみにポプラだけでなく、都内を見ても、湾岸地域のコンビニは売上高が高い傾向があります。さまざまな客層の中で最も客単価が高いのは、トラック運転手、あるいは現場作業員といった人たちなのです。湾岸地域はそういう人が多く集まる地域のため、コンビニの駐車場もトラックが2～3台入れるようなスペースを確保しています。

通常のコンビニの客単価は、600～650円といわれています。ところが、トラック運転手といった人たちは、1000円以上買う人が多いのです。まずタバコで400円以上、それから飲み物とお弁当、合間に読む雑誌などを買えば、あっという間に1000円を超えます。普通の街中の店舗の客単価は、それに比べると低いです。パンとコーヒーだけなら300円程度、お弁当も500円程度です。喫煙率も下がっています。

お客様の層ごとに、どんな商品を選んで客単価いくらぐらいになるのかは異なります。こうしたターゲットの特徴と立地がかみ合ったときに、売れるコンビニはできるのです。

◆タバコの取り扱いを決める100メートルの壁

さて喫煙者の方は、「このコンビニ、タバコ売ってないのか……」とガッカリした経験が少なからずあるのではないでしょうか。特に都心部に住まれている方は、近所でタバコが買えるコンビニと買えないコンビニを把握していらっしゃると思います。

郊外のコンビニはほぼ１００％タバコを扱っているのですが、都心部はタバコを扱えるライセンスを持っている店舗でしか、販売することができません。ですから、コンビニへ行けば必ずしもタバコが買えるわけではないのです。

「タバコ置いてくれよ」なんて頼むお客様に、店員さんが「いや〜、置きたいけど無理なんですよ」なんて返事をしているのも、もしかすると見たことがあるかもしれません。

タバコのライセンスは、財務省に申請して許可を得る必要があります。

許可の基準に照らし合わせて、自店が最寄りのタバコ販売店から決められた距離だけ離れていないと、販売が認められないのです。これはタバコ専売店を保護する目的から定められた基準です。戦後、職業をなくした人の保護的な意味でタバコの専売店がつくられ、それらの店がすぐに潰れないように、距離の保護を定めたその名残というわけです。

そのため、新規にコンビニを出店しても、近くに専売店やすでにタバコを扱っているコンビニがあると、タバコを売ることができません。

タバコはコンビニの売上の約３割を占めるといいわれています。「タバコを買うついでに、

図9　タバコ屋とコンビニ

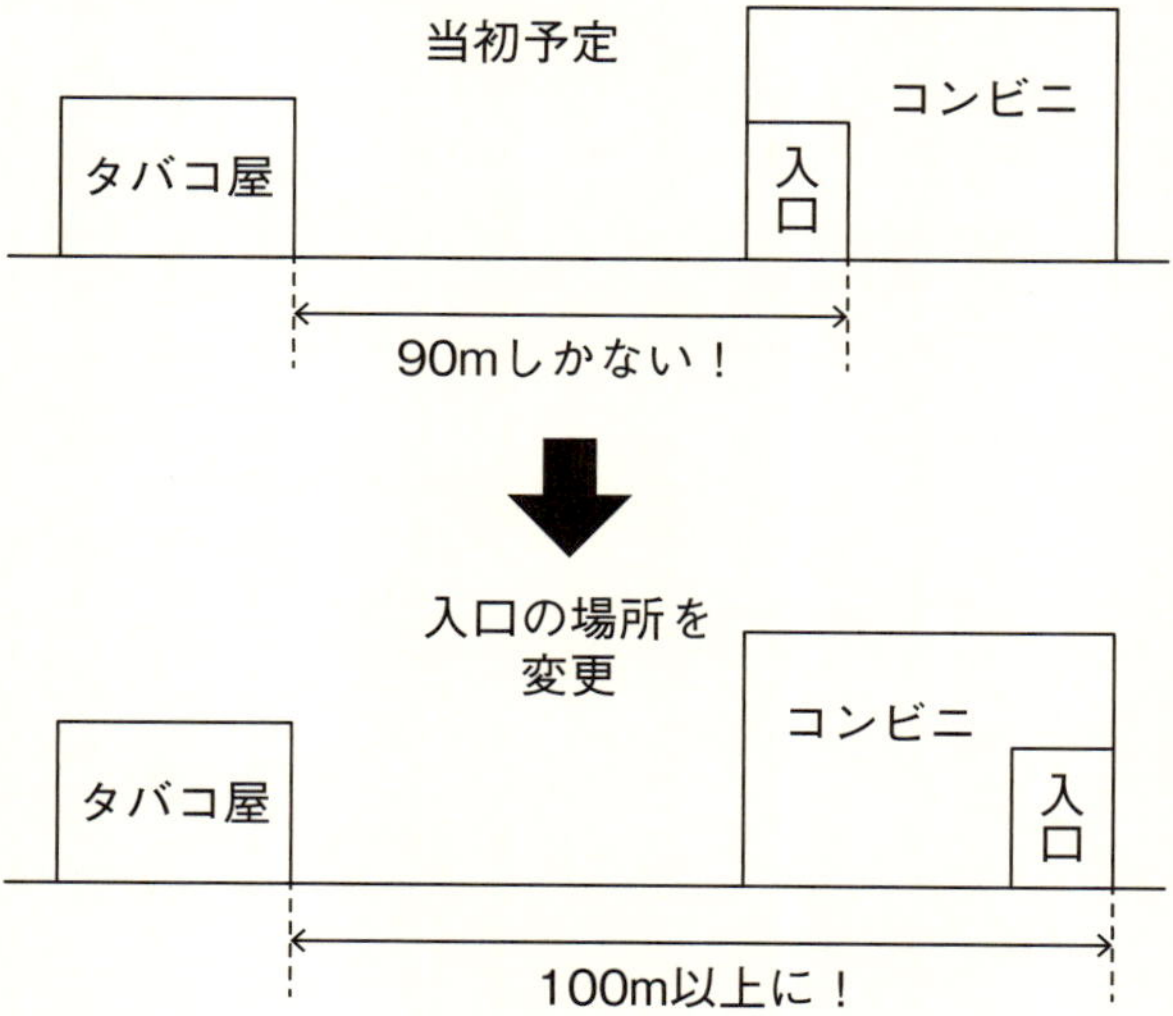

他のものも買おう」という客層を取り込むためには、コンビニとしても扱えるものなら扱いたいと考えています。

あるチェーンでは、酒・タバコの販売がある店舗では日販40万円ほどです（以前は酒も販売するための規制があったのですが、今は全事業者で扱えるようになりました）。地域にもよりますが、だいたい40万円あれば収益が取れる数字です。

ところが、酒・タバコの扱いがない店舗になると、日販はおよそ半分の20万円強。収益を上げるためには相当な営業努力が求められます。フランチャイズのオーナーさんは、何とかしてタバコを取り扱いたいと思うでしょう。そのため、こんなことをしている店舗もあります。

指定都市の市街地では、タバコの販売店どうしは１００メートル以上距離を開けないといけません。その場合、何とか販売許可を得るために、本来なら左側につくるはずだった入り口を、それでは90メートルしか離れていないということで、１００メートルの距離を確保するためにわざわざ計画変更して右側につくったりするのです（図９）。

同じチェーンのコンビニでもタバコを置いているところといないところがあるのには、こんな事情があったのです。

◆セブン-イレブン、なぜ沖縄進出が最後だったか

本稿執筆中、セブン-イレブンが２０１８年に沖縄県に出店する方針を固めた、というニュースが報じられました。

業界1位のセブン-イレブンですが、実は全国47都道府県すべてに進出しているわけではありません。ファミリーマートもローソンもすでに全都道府県に出店を果たしていますが、セブン-イレブンだけは沖縄県への出店がこれまでされていませんでした。

残り1県になったのも最近のことで、その前の鳥取県への出店は2015年10月、青森県が2015年6月、高知県が2015年3月、そもそも四国に進出したのも2013年3月の香川県が最初で、ほんの数年前まではセブン-イレブンのない県はかなりの数あったのです。

セブン-イレブンは集中出店方式（ドミナント方式）に則って出店しています。お弁当などは「製造工場から3時間以内に店舗に届かなければならない」決まりなので、そのための工場建設、インフラ整備に時間がかかります。

そして、工場やインフラが整ったタイミングで一気に数店舗を同時オープンさせます。この方法で出店を続けているので、今までまったくなかった地域に、ある日突然複数のセブン-イレブンがオープンする、なんてことがあるのです。

そしてこれが重要なのですが、集中出店方式の他にも、セブン-イレブンが出店先を決めるときに目安にしているものがあります。それが「人口量」です。実はセブン-イレブンは、人口量の多い地域ではそれに比例して店舗数も多いという相関関係が顕著です。

沖縄県は、物流がネックになっていたことが出店の遅れた大きな理由と思いますが、鳥取県や四国は、人口が全国でも最下位近くです。日本で最も人口が多いのは東京都です

図10　相関図

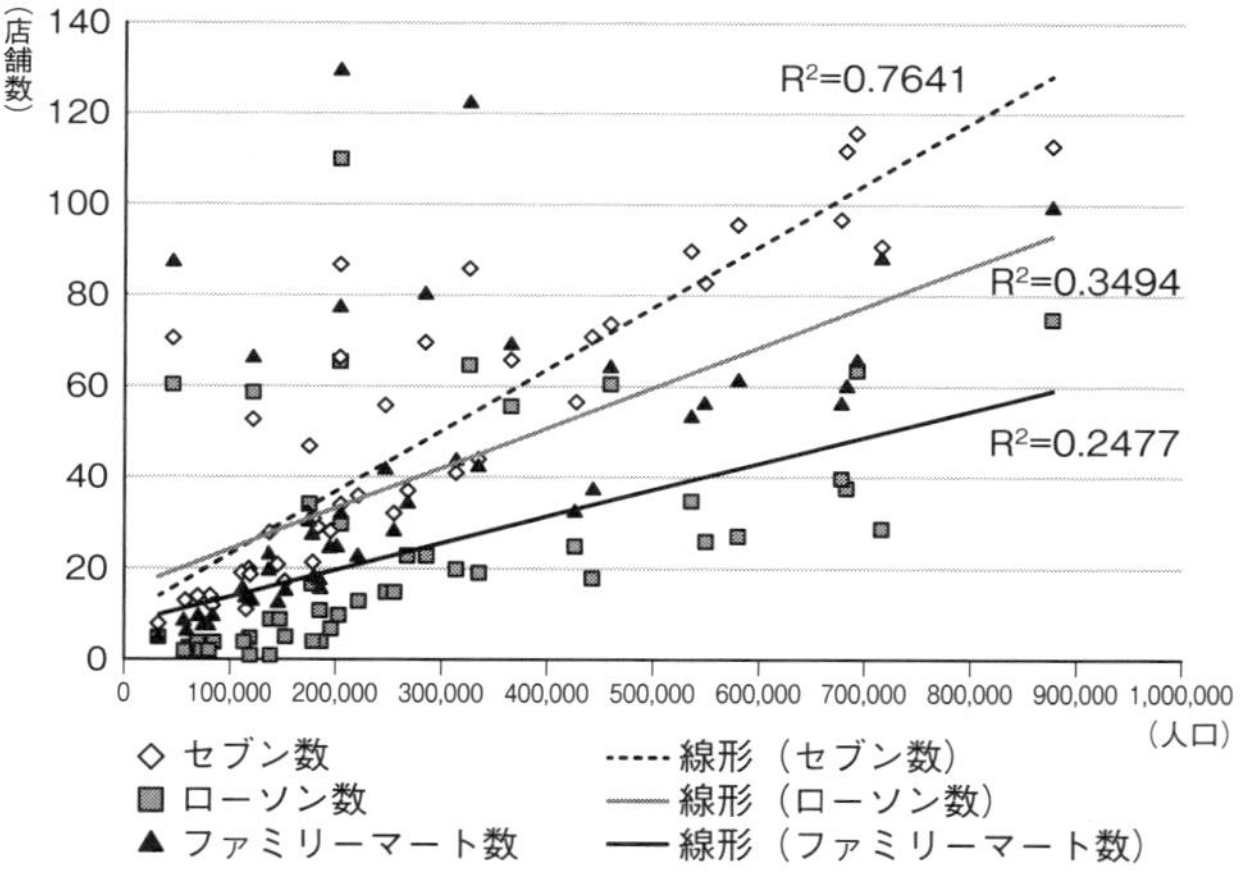

が、都内でセブン‐イレブンが多く出店している市区町村はどこだと思いますか？　答えは足立区、大田区、世田谷区、江戸川区です。これらの区は、都内で最も人口の多い区です。

ここで図10を見てください。これは東京都の市区町村の人口と、コンビニの出店数の相関関係を表したものです。統計的に比例関係にあるかを調べるのが相関関係です。横軸が市場規模、つまり人口数で、縦軸が店舗数です。セブン‐イレブン、ローソン、ファミリーマートで比較してみました。

「人口が多い地域に店舗数が多い」、その相関関係が１００％の場合を1とすると、セブン-イレブンは0・764なので80%ぐらい、つまり8割は人口の多いところに集中して出店していることがわかります。

それに比べて、ローソンとファミリーマートは0・349と0・248なので30%ぐらい。人口が多いところに出店している割合は半分以下しかありません。

セブン-イレブンがいかに徹底して人口の多いところに出店しているかがわかります。これは23区だけで調べた図ですが、都道府県ごとに調べてみても、この結果は顕著に表れています。「人口の多いところに着実にお店を出す」という戦略を徹底しているのが、セブン-イレブンなのです。

◆表参道の裏路地に出店したのは誰だ!?

2016年2月期の各コンビニチェーンの1店舗あたりの1日平均売上高は、セブン-イレブンが65万円、ローソンが54万円、ファミリーマートが51万円です（2016年8月31日付朝日新聞）。セブン-イレブンとその他のコンビニチェーンでは、1日の売上で10万円も差がついています。

なぜ同じコンビニなのに、10万円も差がついてしまうのでしょうか。

それには、ブランド力やそれぞれの店舗力の差というのもあると思いますが、立地戦略も多分に影響しています。

セブン‐イレブンは、「このエリアに出店する」と決めたエリア内で、近くに他のチェーンのコンビニがあっても臆することなく、堂々と出店してきます。

道路を挟んだ向かいや、数軒の家を挟んだ同じ通りなど、本当に真横のような場所に出店することとさえあります。他のチェーンの場合は、他のコンビニのすぐ横に出店するかどうかは躊躇します。

次項で詳述しますが、セブン‐イレブンの出店は、さながら「ここにセブン‐イレブンがあるべきだ。今そこに、何が建っていようと」というような出店の仕方です。

１日10万円の日販差は伊達ではありません。セブン‐イレブンには「どこのコンビニの横に出店しても勝てる」、その根拠となる数字がしっかりあるので、自分たちの分析に自信を持って出店していけるのです。

さて、最近オープンしたセブン‐イレブンで、個人的にとても気になる立地の店舗がありました。表参道の路地にあるセブン‐イレブン北青山３丁目店です。

たまたま通りかかって見つけたときは、「よくここに出したな」と驚きました。そのくらい、裏路地のような細い通りにあって、観光客などが通らないような場所です。どうしてこんなところに出店したのか、その理由が気になったため、何度か店まで足を運び、人の流れや周辺の様子をチェックしました。

現地調査のチェックポイントは主に3点あります。まずは歩道幅です。通常、お店の前の歩道の幅は、人がストレスなくすれ違える1～2メートルぐらいがベストです。幅が狭いと歩く人の速度は速くなるので、お店に気づいてもらえない可能性があるからです。

ふたつ目が、通行人の歩く速さ、「歩速」です。何時にどこに行くといった時間的制約や、どこで何をするという目的が決まっている場合、歩くスピードは速くなります。

最後が店の前の通行人の様子です。服装や持ち物から、ビジネスマンなのか、学生なのか、観光客なのか、近隣住民なのか推測し、どういった属性の人が多く通っているのかチェックします。この3点を意識して、セブン-イレブン周辺を観察してみました。

明治神宮へと続く表参道と青山通り、その大きな通り周辺に、ショッピングビルが並び、大勢の人が行き交います。ところが、その大きな通りから1本裏の横道に入ると、オフィスの入っているようなビルや低層階のマンション、アパート、住宅などが建ち並んでいて、働いている人やそのあたりに住んでいる人だけが行き交う通りになります。穴場的なカフェやお店もあるにはありますが、知っている人しか通らないようなところです。

まさにそんな、車も1台しか通れず、歩道も狭くなっている細い道に、そのセブン-イレブンはあります。ただ、一本道ではなく、ちょうど十字路になっている角地で、四方から人がひっきりなしにやって来ているため、お店は繁盛しているようです。

通行人やお客様は足早に歩く人が多く、買い物や観光で表参道に来たというよりは、通い慣れた様子のオフィスワーカーや近隣の住民のような方がほとんどでした。

そう、ここは、普段から周辺で働いている人、近隣に住んでいる人からすれば、「よくぞここに出してくれた！」と思われるような立地だったのです。

徹底的にエリアを調べ、ニーズがある場所を見つけ出し、確実に出店する。セブン-イレブンの立地の目の付けどころは、一見すると「そんなところで儲かるの？」ですが、採算がとれると踏んだ場所を着実に選んでいるのです。

◆王者の店舗開発

ローソンやファミリーマートの店舗開発は、空きテナントを探すやり方で新店舗の物件を探しています。不動産屋に「こんなところに空いているテナントはないですか？」と通い、情報を得て、そこから出てきた物件を選んで出店しています。これがオーソドックスな店舗開発の進め方です。

ところが、セブン-イレブンは違います。出店先のエリアを分析した結果、「この角地に出すべきだ！」となった場所に出店します。そこが空きテナントなのかは、はっきりいって問いません。そこに会社があろうと、民家があろうと、もともとあった物件を移動させてまで、決めた場所に出店するといっても過言ではありません。

セブン-イレブンの担当者は、その場所にいる人に、そこへ出店したいのだと交渉します。もし、図11のAの角地に出店したいとなったとき、Aが一軒家だったら、その家主に交渉するのです。今のAの場所からずれてもらうか、家主がオーナーになって店舗運営をするか、そういう交渉です。他のお店を営業しているような場合は、そのお店をやめてセブン-イレブンにするように交渉するのです。

図11　王者の店舗開発

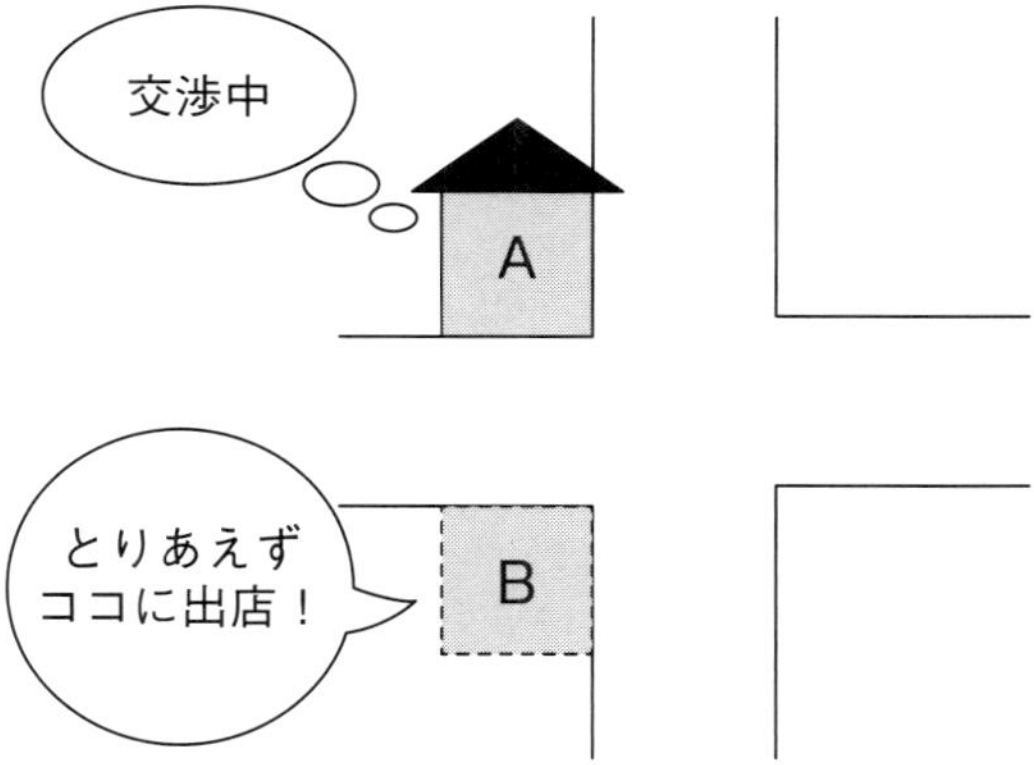

交渉が難航しているときに、もしAの目の前のBの地点が空きテナントになったとしたら、セブン-イレブンはとりあえずBに出店します。そして話がまとまったら、すぐにBからAへ移転するわけです。このため、明らかにセブン-イレブンのレンガ色の店舗でまったく違うお店が営業していて、そのすぐ近くにセブン-イレブンがある、という風景を目の当たりにすることが時々あるわけです。

しかし、一軒家の家主が、そんな無茶な交渉に応じるでしょうか？　実はセブン-イレブンには特別なチームがあります。非常に交渉力に長けたチームです。実際にその担当をされていた方に話を聞いたことがあります。

一軒家の家主に、「ここをセブン‐イレブンにしませんか？」と交渉しに行きます。最初はなかなかうまくいきません。水をかけられて、「帰れ！　何年ここに住んでると思ってるんだ！」と怒鳴られ、話を聞いてもらうことすら難しい場合ももちろんあります。

ですが、そこで諦めず、何度もその家に通います。そこから「家に上がれ」といわれるまで、とにかく通い続けるのです。最初は門前払いだった家主も、何度も足繁くやってくる担当者の熱意にほだされ、家に上げてもらえるようになると、そこからは話が一気に進んでいくのだそうです。

担当者には、資産運用の知識もあるため、運用計画の相談にも乗るといいます。先ほどのAに出店したいとき、道路側に立派な家が建っていたとします。すると、「家を敷地のこちら側に移して、今家のある場所にコンビニを建てましょう。これで利回りがこうなるので、建築費は何年で回収が終わりますよ」と、家主に損が出ないようにそこまで細かいプランを提案するといいます。これだけ具体的なプランを提示されたら、家主も、「考えてもいいかな」という気持ちになってきますよね。

やはり、不動産屋に行って「物件ありませんか？」と探している他のコンビニチェーンと比して一段上手といえます。セブン‐イレブンの徹底力の差が、1強多弱といわれるコンビニ業界の現状を生み出していると私は感じています。

◆コンビニの立地戦略、この極意に学べ！

・セブン-イレブンは、「ここにセブンがあるべきだ」という強力な出店コンセプトとその徹底で、他社を寄せ付けない王座を維持。
・ローソン、ファミマは、別ブランドを打ち出して立地ごとに展開し、新天地を開発。
・ポプラは「自慢の商品」を屋台骨に、それを喜んでくれるお客様のいるところへ出店し、ポジションを獲得。
・一見「ここは売れないだろう」と思えるような地にも、思わぬニーズが潜在している。

——各社がしのぎを削る激戦区だからこそ、コンビニ業界は日々進化できる。

第3章：激戦！　栄枯盛衰の飲食店、その立地戦略とは

「目立つこと」の重要性

飲食店、それもチェーン店となると、その攻防はすなわち立地の攻防といいかえても大袈裟ではない。本章では、飲食チェーンをメインに、その立地戦略を解説する。

チェーン店の難しいところは、「わざわざ」その店舗に行こうという目的性は限りなく低い点だ。「軽く何か食べない?」「いいね、じゃ駅前のマックにするか」と、人々はそんな流れで店を決める。「あの街の、あの通りにある、あのマクドナルドに行こう」とは、なかなかならない。もっと近い場所に別のマクドナルドがあれば、ほぼ迷わず近いほうへ行くだろう。

さらにいえば、「軽く何か食べようか」というときには、同じハンバーガーを扱う店だけでなく、同じく軽食を扱うコーヒーショップやファミリーレストランなどもライバルになる。今ではそこへ、イートインスペースのあるコンビニも参戦する。

だからこそ、いかに便利な場所にあるか、いかにお客様に思い出していただけるかという、立地が勝負を分かつのだ。その戦略はビジネスモデルとあわせて日々進化している。

飲食店で立地戦略が要となる理由

◆街の性質を読み解くべし

街にはいろいろな顔があります。

たとえば、弊社のある秋葉原駅近くの岩本町は、基本的に「飲食店は儲からない立地」です。なぜなら、岩本町はいわゆる「オフィス街」だからです。「え⁉　オフィス街は飲食店が儲からないの⁉　人がたくさんいるのに……」と思いましたか？　でも、考えてみてください。

周辺に働きに来る人たちは、朝からコンビニに行くことはあっても、朝から飲食店に入ることは少ない。お昼には飲食店に食べに行くので、どこも行列ができます。ところが、その人通りも午後1時にはピタッと止まり、さらに夜9時以降にもなると、あたりから人がいなくなります。なぜなら、多くの人がそのまま帰るか、繁華街へ流れていくからです。岩本町からは徒歩で秋葉原にも行けますし、東京や銀座にも近いので、夜はそういった街へ繰り出していくわけです。

そのため、実際に「平日のランチだけ営業しているお店」が結構あります。現実として、平日のランチしか売上を上げることができないのでしょう。

さらに休日になると、周辺にはほとんど人が歩いていません。オフィス街だから、休みの日に来る用事がないのです。私は仕事で時折週末に会社へ行きますが、平日と比べると本当に人が少ないです。昼と夜、平日と休日で、街の表情がガラッと変わります。

こうなると、人がたくさんいて、しかもお店に来てくれる時間というのはどのくらいでしょうか。1週間のうち、平日5日間、しかも昼間の1、2時間しか商売になりません。これは、個人のお店で夫婦二人で営業するでもない限り、相当きついでしょう。

週に5日間、昼間2時間だけ営業するからといって、当然賃料をその分だけ減らしてもらえるわけでもなく、営業していない時間分も場所代は発生します。賃料が月100万円として、1カ月毎日売上が取れるお店ならいいですが、週5日間で1日1、2時間しか売上が取れないとなると、かなり割高ということがわかると思います。

たとえばコーヒーチェーンがオープンしたとしても、朝と昼の需要に加え、来客や打ち合わせで合間の時間を埋めることはできるかもしれませんが、夜はやっぱりガクンと売上が下がるでしょう。土日は街に人がいないので売れません。こう考えると、岩本町は決して賃料が安い場所でもありませんから、売上の取れる時間帯の少ないコーヒーチェーンが数多く出店してくることはないと推測できるのです。

極論をいえば、24時間３６５日ひっきりなしに人が来る業態が、サービス業ではベストなのですが、なかなかそういう業態はありません。お客様が来るピークの時間帯があるのはいいのですが、ピークの谷間を埋めてくれるお客様も必要です。

こう考えると、やはり繁華街に出店しようとする理由がおわかりいただけますよね。たとえば、銀座。銀座には働いている人も、遊びに来ている人もいます。働いている人はランチの時間に制約がありますから1～2時間に集中しますが、遊びに来ている人たちには何の制約もありません。いつ、どこで、何を食べてもかまわないわけです。繁華街は賃料も高くなりますが、朝から晩まで長時間、お客様が訪れる時間帯があるわけです。

大企業の店舗開発部隊はそういった違いを意識して出店場所を考えていく一方、中小企業の人たちは意外とそこまで考えていません。「賃料が安いから」「駅から近いから」といった短絡的な選択で出店先を決めてしまったりします。これではいけません。裏付けをとりつつ、じっくりと「街の性質」を読み解いていかないといけないのです。

◆昼の店と夜の店は自然と分けられる

こうしたオフィス街の特性を知らずに出店すると、痛い目に遭います。ディナータイムにたくさん人が来てくれることを期待してランチ営業をしていても、オフィス街ではランチにしか人が来ず、ウリにしているディナーにまったくお客様が来ないため、結局撤退してしまうお店が、岩本町にも結構多いのです。

飲食店をされている方の多くは、ディナーに最も自信を持っています。ランチに来たお客様に、美味しい食事を安く食べていただき、「ディナーも期待できそう」と思ってもらおうと考えているわけです。ところが、肝心のディナータイムになると人が来ない。これでは本末転倒です。

ランチ営業を行う理由は、お店の認知度を上げてディナータイムに来てもらうための宣伝広告の意味合いがひとつ。それから、前の日の食材の残りを有効活用してはけさせたいから、というのがもうひとつです。前者の「宣伝」というのが、クセモノです。

先述していますが、昼に行くお店に夜も行くことは、実はあまりありません。みなさんは、ランチでよく使うお店に、夜も頻繁に訪れているでしょうか？　意外と行かないのではありませんか？

心理的に「会社の近くで飲みたくない」という人も多いのかもしれません。ランチタイムならいいですが、仕事が終わってからは会社の誰かと鉢合わせしたくないし、隣駅に移ろうと考える人は少なくないでしょう。加えて、ランチはボリュームたっぷりで1000円ですが、夜になると1万円近くかかったりするため、高すぎて夜はやめておこうという場合もあると思います。

たとえば小洒落たイタリアンのお店があって、ランチでは自慢のパスタにサラダとスープ、コーヒーまでついて1200円で食べられるとします。とても美味しくてお腹もいっぱいになりますが、夜に行ってみたらどうでしょう。アラカルトでいろいろ頼もうとすると、グリーンサラダだけで900円、ランチセットの値段に届いてしまいそうです。さらにパスタや肉料理を頼み、お酒を飲んだら、お腹いっぱいになる頃にはあっという間に1人1万円に迫っていた……なんて経験があると思います。

そうした理由で、昼には昼の行きつけがあるし、夜には夜で行くお店があるのです。ランチのお店とディナーのお店を分けて考えている人が多く、リンクしません。ですから、ランチでうまくいったからといって、夜もお客様が来てくれるのかというと、オフィス街ではそう単純な話ではないのです。

◆大量閉店時にも立地は基準になる

郊外型のファミリーレストランの草分け的存在といえば、今はもう店舗がなくなってしまった「すかいらーく」ではないでしょうか。現在は、「ガスト」や「夢庵」「バーミヤン」といったさまざまな業態のファミリーレストランを展開しています。

1970~1980年代に人気を博した「すかいらーく」でしたが、バブル崩壊後から徐々に経営が悪化し、1993年には約半分の店舗を「ガスト」に業態変更しました。さらなる業績回復のために2006年にはファンドが会社を買収しますが、その結果、業態変更や赤字店舗の閉店により、2009年には「すかいらーく」の店舗は消滅してしまったのです。

1960年代後半に起こったマイカーブームの波に乗り、自動車を所有するファミリー層が増えたことを踏まえてロードサイドに気軽に行ける洋食レストランをつくる――この業態開発力は、非常に優れたものだったと思います。

ただ、飲食業界は同じ業態が何十年も流行るような業界ではありません。競合他社も出てきますので、時流に合わせた業態を開発し続ける必要があるのです。そういった意味では、２０００年代にもなると「すかいらーく」は業態が古くなってしまったのでしょう。

立地も同様に、時代とともに変化します。新しい駅ができたことでそちらに人の流れが移ったり、高速道路ができたことで国道の交通量が減ったりすると、儲かる店の立地は変わってきます。売上をキープしている立地のいい店は業態を変えてさらに売上アップを目指し、売上が落ちていて立地的にもパッとしなくなった店は潰していったのです。

このように、立地の悪い店から潰していく傾向は、マクドナルドが大量閉店したときにも見られました。２０１０年、日本マクドナルドホールディングスの社長だった原田泳幸氏は、約４００店舗を閉店し、約６００店舗を立地のいい場所に移転するとしていました。その際、閉店する４００店舗は、厨房が狭く全メニューを提供できない小型店、歓楽街などブランドイメージを損なう場所にある店舗などを対象としていたそうです。

要するに、狭い立地の店、マクドナルドのイメージとマッチしない店から潰していったのです。これらの店はフタを開けても不採算店で、売上もよくなかったそうですが、まさに売上＝立地を基準に閉店候補店舗を判断していたという事例です。

店舗が長く売上を落とさずにいられるかどうかは、ある意味で立地にかかっています。

本当に業態力があれば、瞬間的には売れるのですが、立地が悪ければ、その後に尻すぼみになります。長く売上を確保できるかどうかは、やはり立地が非常に大切な要素だといえるでしょう。

◆強いチェーンは、「どこにでもあるお店」になってからが勝負！

私は、今注目の企業は、業態力が際立っているところが多いと感じています。目新しい業態、意外性のある業態など、たくさんの人に「あのお店に行ってみたい」と思わせるパワーを持っている企業です。

たとえば、立ったまま大きなステーキを食べる「いきなり！　ステーキ」は、立ち食い蕎麦のようなスタイルで分厚くていい肉のステーキを食べる、という意外性がウケています。ステーキはテーブルに着いて落ち着いて食べるもの、というこれまでのステーキの概念を覆し、サラリーマンが気軽に空き時間に立ち寄れるような業態を生み出したのです。意外な立ち食いで人気になったお店は、ステーキ以外にも寿司や焼き肉がありますね。

前述の丸亀製麺なども実はまさに業態力がある企業です。そんな丸亀製麺も、どんどん集客して店舗を増やし、多くの人にとって「ごくありふれた、日常的なお店」になってきたときに、店舗の立地や商圏が重要になってきます。今後、丸亀製麺が本当に残っていく企業だとすれば、今後の出店では立地と商圏により重きを置くはずです。そして最近は国内のみならず、海外への展開にも力を入れています。日本で出すべき立地に出店したら、その次は海外に目を向けるというチェーンは、今後ますます増えるでしょう。

日本に数店舗しかないなど、物珍しいうちは、お客様もネットで調べるなどしてお店に来るのですが、店舗数が増えて徐々に一般的になってくると、思い出してもらえるかどうかが重要になってきます。

私たちは生活の中で、「いつも通る道で丸亀製麺が見える」「駅前にマクドナルドがある」「家のすぐ近くにローソンがある」などと、場所とセットで店舗を記憶します。同じ道を何度も通れば、その記憶はどんどんすり込まれて、より強固なものになっていきます。そうして記憶にしっかりすり込まれていくと、「お昼、どこで食べる？」となったときに、「あそこに丸亀製麺があるから行こうよ」とお店のことを思い出してもらえるのです。

「どこに行く？」というタイミングで自分たちのお店を思い出してもらえるかどうかは、記憶にどれだけ残れているかにかかっています。記憶に残してもらうためには、やはり

〝いい立地〟にあったほうが覚えてもらいやすいでしょう。いい立地にあれば、それだけで常に看板を出して宣伝をしているようなもの、覚えてもらいやすいわけです。

◆「模倣の文化」だからこそ立地が決め手に

名古屋の名物のひとつに、手羽先の唐揚げがあります。名古屋の多くの飲食店が手羽先の唐揚げを出していますが、人気を二分しているチェーン店があります。胡椒の利いたスパイシーな味付けの「世界の山ちゃん」と、甘辛い味付けの「風来坊」です。

では、どちらのお店のほうが先に手羽先の唐揚げを生み出したか、ご存じですか？

正解は、「風来坊」です。実は「世界の山ちゃん」は、1980年代に大流行していた「風来坊」の手羽先唐揚げを真似してつくったものでした。味が違うのは、「同じ味を再現できなかったから」と、「世界の山ちゃん」の創業者の山本重雄氏が公言しています。

地元名古屋の人にはどちらが〝元祖〟なのかは有名な話かもしれませんが、これだけメジャーなチェーン店になっても、どちらが生み出したメニューなのかわからない人も全国にはかなりいるはずです。この2チェーン以外にも、手羽先唐揚げは名古屋を中心にたくさんのお店で扱われ、広がっています。

どこかのお店でヒットした商品が生まれると、すぐにその商品の真似をするお店が出てきます。食べ物に限ったことではありませんが、特に外食業界は〝模倣の文化〟といってもも過言ではないほど、それが当たり前のように行われています。そのくらい、外食産業の参入障壁は低いともいえるでしょう。

しかも、その模倣のサイクルは驚くほどの速さです。たとえば、最近話題のメニューに「牛カツ」があります。どこかのお店で最初に出した牛カツが人気になると、その翌月にはもう他のチェーン店が真似をして、同じ牛カツのメニューを出してきます。

飲食チェーン店の方に聞いた話では、味覚が鋭い商品開発の担当者が食べれば、ラーメンの複雑なスープでさえも、使われている材料や調味料が何かわかるのだそうです。使われているものがわかれば、真似をするのは難しくありません。凄腕の人材を抱えているチェーン店では、すぐにそっくりの味を再現したメニューを開発し、人気が衰えないうちに全店で販売を開始するのです。

模倣が激しい業界だからこそ、外食業界ではいかに新しい商品を出し続けられるかがとても重要です。すぐにどこのチェーン店でも売られるようになってしまったら、〝元祖〟のお店だとしても、元祖であることにあぐらをかいていてはいつか人気は下火になり、売上が落ちてしまう可能性があります。また新しいメニューを生み出して、模倣に対抗していくしかありません。

特に、一気に火が付いたように人気が出たりした場合は、その流行が一瞬で終わってしまうことも考えておく必要があります。流行りは一過性のもの、いつか廃れるときが来ると思い、先を見ておくべきでしょう。

牛カツの例でいえば、牛カツを扱うお店がいくつもあるようになれば、「あれ、どこが有名な店なんだっけ？」と、〝元祖〟のお店がわからなくなってしまうことがあります。「どうしてもあの〝元祖〟のお店の牛カツを食べたい」という人であれば、どこのお店か調べるでしょうが、「ちょっと気になるだけだし、近くにあるこのお店でもいいか」となってしまうお客様のほうが多いのが現実です。

最終的にはどこでも似たようなメニューが食べられるのであれば、自分が行きやすい場所、立地で判断することになるのです。「家の近所にお店ができたから」「今ちょうど目の前にお店があるから」、そんな立地の都合でお客様はお店を選びがちです。こうした面からも、飲食店における立地の重要性がおわかりいただけるでしょう。

多様化する飲食系ビジネスモデル

◆あの高級フレンチと宅配ピザ屋の接点とは？

売上高・店舗数ともに全国１位を誇る宅配ピザの「ピザーラ」、ハワイ発祥のハンバーガーが食べられる「クア・アイナ」、フランスのミシュランで三ツ星を獲得した、いわずと知れたフレンチの巨匠の料理が楽しめる「ジョエル・ロブション」……。

宅配ピザ、ハンバーガー、フレンチと、一見何の関連性もなさそうなこれらの飲食ブランドには共通点があります。何が同じなのかわかりますか？

実は３ブランドとも、フォーシーズという会社が事業運営しているブランドなのです。近年、こうしたさまざまなブランド、業態を持つ飲食関係の会社が増えています。ただ、多くの人は、どことどこが同じ会社が運営しているか、あまりご存じないのではないでしょうか。実はこの経営手法が、立地戦略で有利に動けるポイントだったりするのです。

以前は、単一のブランドで１０００店舗を達成させ、広くブランド名を知られることを目標としている飲食チェーンが多くありました。たとえば、全国のカレーチェーン店の約

9割を占めるとされ、海外を合わせると1400店舗以上ある「CoCo壱番屋」や、国内1200店舗以上・ドーナツ専門店でおなじみの「ミスタードーナツ」などがそうです。

ところが、現在の飲食チェーンの主流は、複数のブランドを持っている企業になりつつあります。単一のブランドではなく、それこそフォーシーズのように、さまざまなブランドを運営している企業が増えているのです。

それぞれのブランドの店舗数は10店舗程度、ブランド内容は焼き鳥専門、スペインバル、鮮魚がメインの居酒屋、クイックな丼専門店と、飲食とはいえジャンルの垣根も超えているようなブランドを抱えています。さまざまな居酒屋系のところもあれば、単価の安い業態から高級店まで、まさに「このお店とこのお店、同じ会社だったの？」と驚くような組み合わせのブランドを持っているところまであるのです。

なぜ、複数の業態をもつ企業が増えているのか。それは、複数の業態を持っていると、立地の面で有利に出店することが可能になるからです。

フォーシーズでは、どこかのビルでリーシングするときに、複数の階に数店舗を出店することがあります。「ジョエル・ロブション」は、フレンチの中でもかなりの有名店で、

「ぜひ出店してほしい」と依頼されることもあるブランドです。

そのときに、「それなら、一緒にこの業態もビルに入れてほしい」「地下にこのカフェを出店させてほしい」などと、フォーシーズ側がイニシアチブをとって交渉するのです。ブランド力がある業態を持っているからこそできる交渉です。

ビルテナントのリーシング側からすると、少しでもお客様を集めたいので、集客力のある業態を入れたいわけです。そうなると、フォーシーズ側から「この店も入れたい」「この値段にしてほしい」といった複数店舗の出店や価格面での要望に対して、妥協してくれる場合が当然あるのです。

複数店舗を展開したり、賃料を安くしてもらったり、ビル内のいい場所に出店できたりと、ブランド力のある業態を持っていれば、さまざまに交渉して自分たちにとって理想的な出店をすることができます。そういう意味では、いかに強いブランドを持っているかが問われるでしょう。

こうしてひとつのビルに複数店舗を出店することができるのですが、ビルを訪れるお客様は同じ企業が複数店を運営していることに気づきません。私自身も、よくよく見てみたら、「この飲食店って全部同じ会社じゃないか」といったことに気づく場合が結構あります。わかっていないだけで、そういった出店の仕方をしている企業は少なくないのです。

◆マルチブランド企業が台頭

こうした複数ブランドを手がけるやり方で成長してきているのが、エー・ピーカンパニーとダイヤモンドダイニングです。

エー・ピーカンパニーは、その土地ならではの食材をつくる農家と契約することで、リーズナブルに地元の新鮮な食材を味わえる居酒屋「塚田農場」で一躍有名になりました。この「塚田農場」は、店舗によって、宮崎県、鹿児島県、北海道と、地域ごとにブランドがあり、扱うメニューが異なっています。また、鮮魚を扱う「四十八《よんぱち》漁場」も人気店です。それぞれのブランドごとに20店舗程度の出店になっています。

立地に関してはセオリー通り、ビルの1階に出店しています。お客様から人気がある現在は、賃料が少しでも安いところという考えではなく、インパクト重視で、賃料が多少高くても積極的に1階に出店している印象です。

ダイヤモンドダイニングは、なんと１００業態１００店舗、つまり業態の異なる店舗を１００店舗も展開しています。有名なお店は、ドラキュラをモチーフにしたおどろおどろしい雰囲気漂う「ヴァンパイアカフェ」や、奇抜な内装が異彩を放つ原宿カルチャーを発信する「カワイイモンスターカフェ」など、こだわりのコンセプトを持つ店舗を数多く開発しています。

これらの企業は、ブランドがいずれ劣化することを最初から想定しています。よって、立地開発力よりも業態開発力に注力しているといえるでしょう。

たとえば、今まで和食の定食屋を出していて、ある程度推移していた売上が落ちてきたら、今度は洋食を中心とした居酒屋にさっと替えてしまいます。このとき、すぐに入れ替えられるように、価格帯も業態もさまざまなたくさんのブランドを持っているのです。野球のピッチャーでたとえるなら、得意球は一種でなく、ストレート、フォーク、カーブとどんな球種も持っているということです。

ブランド自体が尖ってはいるのですが、少しでも売上が下がってきたら次のブランドに入れ替える。店の場所がよかったとしても、ブランド劣化によってお客様が遠のくことは当然あります。それを、ブランドを次々変えていくことにより、「その場所、その商圏を逃がさない」ようにしているわけです。

こうした複数のブランドを有する企業が台頭してきたのは、経年による売上減を見越しているのももちろんですが、それにプラスして、経営者の世代というか、感覚が変わってきているとも私は感じています。

先ほど事例に挙げたエー・ピーカンパニーやダイヤモンドダイニングは、どちらの創業社長も現在40代後半で、30代から経営者として飲食店の経営を行っています。彼らは飲食店の創業者というより、食全般に関わるプロデューサーといった印象を受けます。

ひとつの業態にこだわらず、新しいコンセプトの業態をいくつも生み出していく。生産者を含めた仕組みをつくったり、飲食店から派生してレストランウエディングの事業を立ち上げたりと、高い視点を持ち、幅広い分野で新しいことを始めています。

強いブランドをひとつ生み出して、とにかくそれで頑張っていく一昔前の外食産業の経営者とは、企業を続けるためのアプローチが異なるようです。つまり、経営のやり方が違うというより、そもそもの発想が違うといえるのかもしれません。

チェーンの焼き肉店を全国的に広めることとなった「牛角」の創業者の西山知義氏は、7年間で1000店舗という偉業を達成しましたが、現在はダイニングイノベーションという会社を立ち上げ、複数のブランドを展開しています。1業態1000店舗を極めたような人でさえ、今はマルチブランド戦略を採っているのです。

ブランドの栄枯盛衰を前提に、業態開発力に長けた企業が、これからも躍進していくことが予想されるでしょう。

◆苦境に立たされる「普通の居酒屋」という業態

一時期、圧倒的安さと品揃えで人気を博し、勢いのあった居酒屋「和民」は、ここ数年で業績が悪くなり、新規出店がないのはもちろん、撤退店が増える一方です。２０１６年4月～11月を見ても、「和民」「坐・和民」「わたみん家」の３業態あわせて新規出店数はゼロ、撤退店数は合計で90店舗以上にのぼります。

従業員の過労自殺報道などによる企業イメージの低下も一因ですが、和民という業態自体が飽きられてきていることも、業績悪化に影響していると見るべきでしょう。

和民が積極的に出店していた頃は、ビルの５階、６階といったいわゆる「賃料が安くてあまり埋まらない物件」を押さえて出店していました。都心では雑居ビルの上階にあることがほとんどで、ビルの外側に巨大な看板を出している店舗が多く見られました。

ただ、最初はこれまでにない品揃えと安さが売りになったものの、慣れてしまえば業態として尖っていない「普通の居酒屋」のイメージが強いのではないでしょうか。「一杯行きますか」というときに、目的があって「和民に行こう」というよりも、「他に候補もないから和民に行こう」という理由で選ばれる。これでは、業態としてやっていくには、なかなか厳しいものがあります。

創業時の和民は、手の込んだ美味しいメニューを豊富に、リーズナブルに提供できる居酒屋として人気を博しました。

和民の躍進により、多くの居酒屋チェーンがメニューの見直しを図り、安いだけでなく味にもこだわり、オリジナルメニューの開発に力を入れていきました。そうして居酒屋業界全体が切磋琢磨していったことで、今ではどこのチェーン店に行っても、安くてそこそこ美味しい料理が出てくるようになりました。業界全体の底上げに、和民は貢献したといえるでしょう。

ただ、どこも似たような価格帯でそこそこの味になってしまったことにより、和民もその他も「普通の居酒屋」になり、チェーン店ごとの個性がなくなりつつあります。

加えて、チェーンではない個人店の居酒屋も、美味しくて安いメニューを追求し始めたため、チェーン店では歯が立たなくなってきています。同じような価格帯だったら、チェーン居酒屋より、こだわりの料理が食べられる個人経営の居酒屋に行きたいと思いますよね。こうして、チェーン居酒屋全体が今苦しい状況に立たされているのです。

創業者の渡邉美樹氏が経営を引っ張っていた頃は、どちらかというと原価を落として、それこそ人件費も落として、とにかく安い値段で提供し、ある意味薄利多売で取っていくというかたちだったと思うのですが、そのビジネスモデルが成り立たなくなってきた。

だからといって、和民が低価格居酒屋から脱却して違うブランドをつくれるかというと、業態開発力がないので難しい。そもそも和民のあったビルの５、６階は、限られた業態しか出店できないような場所です。結局は、似たような業態を入れるしかないため、パッとせず中途半端になってしまうわけです。

今、もともとの和民の店舗を潰して、新しいブランドを入れるようなことをしていますが、あまり尖っていない印象です。新ブランドをつくっても、「じゃあ、和民と何が違うの？」となったときに、明確なコンセプトというのが見えにくいと感じます。

かたや、たくさんの業態を抱える企業は、居酒屋もスペインバルもフレンチもイタリアンもある。とにかく多業態を用意しているので、イタリアンがダメならフレンチ、フレンチがダメなら和食、和食がダメなら麺と、手を替え品を替え回しています。

先述した通り、外食業界は模倣の業界です。今日あの店がやっていたことを、明日自分の会社でも真似できる。そうなると、いい場所を見つけて、その場所にしがみつくことも大切です。ブランドが劣化してきたり、真似ブランドが出てきたら、次のブランドに切り替えられるだけの店舗開発力と業態開発力、両者が問われる時代が来ています。

「普通の居酒屋」がメインのチェーン店は、イチからすべてを見直して、コンセプトから何からつくり変えるぐらいのことをしないと、生き残るのは難しくなっていくでしょう。

◆立地戦略の異端児、サイゼリヤ

新興勢力に押され、苦境に立たされる飲食店がある一方で、ゆるぎない強さを見せる飲食店も存在します。

「サイゼリヤ」は、千葉県市川市で誕生したイタリアンのファミリーレストランです。驚くほどの低価格で食事からワインまで美味しいイタリアンを楽しめるとあって、知名度は高いでしょう。主なお客様は、学生を中心とする若者や家族連れです。

本稿執筆段階では全国に1028店舗ありますが、このサイゼリヤの立地戦略は異端といっていいものです。なんと、2階や地下1階が多い。普通は敬遠する地上2階以上のフロアや地下に、明らかに臆することなく出店しています。

ビルの2階は1階よりも賃料が安いので収益性も取れますし、ビルの側面を使った広告戦も可能です。しかしこの出店スタイル、これまでのどの業種、業態、ブランドとも真逆ですよね？　本書でも、「2階より1階」「賃料の安さに目をくらませてはならない」と書いてきました。しかしサイゼリヤは、これで成功しています。

なぜ、こんなことが可能なのか。それは、サイゼリヤの商品力の強さです。普通のファミリーレストランと比べても、ピザやドリア、パスタがとにかく安い。パスタも500円以下のものがあるくらいで、1000円もあればお腹いっぱいになれます。そんなに安いと材料の安全性などが心配になるところですが、サイゼリヤでは野菜などを日本の提携農家（つまり自社農場）から仕入れ、ワインなどは本場イタリアから直輸入しているというから驚きです。この圧倒的な商品力が、出店場所の選択肢を増やしているのです。

おそらく、ショッピングセンターなどからの引き合いも多いでしょう。

これらを実現しているのは、サイゼリヤの創業者、正垣泰彦氏（現会長）でしょう。正垣氏は東京理科大学出身、つまり理系で、大学在学中に「サイゼリヤ」1号店をオープンさせ、ここまでに育て上げました。

さすがは理系創業者の企業というべきか、サイゼリヤではフロア清掃の方法までもがデータに基づく改善の末に完成されたというのですから、類まれなるロジカルシンキング、そしてバランス感覚が、立地戦略においても生きているということでしょう。

自店の商品力やターゲットを誤って、賃料の安さにひかれたお店が真似をしても、まずうまくいかないと思ってください。

◆コメダ珈琲店はなぜ成功したのか？

名古屋発祥の「珈琲所コメダ珈琲店」の登場によって、喫茶店の概念は大きく変わりました。それまでの喫茶店は、基本的に都市部にあるもので、駐車場がついているようなことは稀でした。ところが今は、コメダ珈琲店や星乃珈琲店などが、60〜90台分の大掛かりな駐車場をつけてロードサイドに展開しています。これは、今までにはなかった発想です。

コメダ珈琲店は、2015年の期で70店舗ぐらい出店しています。もともとの店舗数は380店舗でしたが、創業者からコメダ珈琲店を買い取ったファンドが、一気に店舗数を増やしているのです。買収されて4年ほどで、現在７２０店舗。東海地区以外に積極的に出店を重ねています。日本に「ロードサイドの喫茶店」という新しい価値を生み出したのが、コメダ珈琲店のすごいところです。

　飲食店というのは、モーニングがあれば朝から売上があり、それから昼間にドーンと伸びて、午後落ち着き、夕方にまた少し伸びる、というのが大きな1日の売上の経過です。そうなると、売上がへこむところが2カ所あるわけです。朝から昼の間と、昼過ぎから夕方の間、もしくは夜、このあたりはどうしても下がります。

　その間もやはりお客様にお店にいてもらうために、その谷間の時間もとにかく長くいてもらってかまわない形態、とにかく1日中いつでもお客様がお店にいる状況をつくっているのが、コメダ珈琲店なのです。

　１００席ほどの、ゆとりのある店内に広い駐車場、多くの店舗が朝7時から夜11時まで営業しているのでのんびりでき、1日の大きな流れの中でゆっくりお客様が入れ替わっていく。席数が多いので、入れ替わるスピードはゆっくりでも問題ありません。ゆっくりでも、お客様は確実に入れ替わります。郊外に広い店舗を持っているからこそ成り立つビジネスモデルといえるでしょう。

テイクアウトも行っていないので、早く飲んで、早く帰ってもらわないと、儲からない。広い駐車場を持たないことによって賃料の負担は少し減るのですが、都市部だとそもそもの賃料が高いので、とにかく回転率を上げていくしかありません。

ロードサイドの場合は、駐車場の広さが重要になります。地方で「4人でコメダに行こう」となると、それぞれが自分の車でお店に向かいます。誰か1人が車で他の3人を乗せてお店に向かうわけではないのです。

「じゃあ、3時にコメダに集合ね」という約束の仕方をするので、座る席はボックス席ひとつでも、駐車場は4台分必要です。そのため、駐車場は満車に近いのに、店内に入ってみると意外と空いているということが珍しくありません。面白い現象ですよね。

そうなると、座席数や駐車場の台数確保のため、結果的にロードサイドの広々とした立地が出店場所としてベストなわけです。100席程度あって、1日の中でお客様がゆったりと入れ替わり、多少の行列、多少の待ち時間を出しながらも回っていく、そういうビジネスモデルとそれを実現できる立地が、コメダ珈琲店には最も適していると思います。

◆目新しい業態も、立地とのバランスが大切

コメダ珈琲店はまだまだ目的性が高い店舗なので、多少行きにくい場所であっても人はやって来てくれます。そうなると、賃料はかなり安く抑えられるでしょう。

ファストフードなどは、そもそもの目的性が高くないため、立地が非常に重要になります。ですが、ブランド力がついてくると、目的性が高まっていきます。目的性を持ってもらえるほどのブランド力があればあるほど、賃料が高いところから安いところへ店を移してもそれなりに人を呼ぶことができるのです。

そういう意味で、コメダ珈琲店は今、業態と立地戦略において非常にバランスのいいラインにいると感じています。ただ、これ以上出店ペースを上げて店舗数を増やしていくとなると、店舗数の希少性（目的性の高さ）が低くなり、この良バランスが崩れてきてしまうでしょう。

コンビニエンスストアが日本に最初に登場した30～40年前には、どこの街のコンビニも賑わっていたと思います。「こんなに便利なお店があるなんて」「早くうちの街にもできてほしい」などと出店を待たれ、できたお店は人で賑わい、喜ばれていたはずです。

ところが、今ではどこででも見かけるコンビニは、それ自体が目的となって賑わうようなこともなく、感謝されることもそうそうないでしょう。それだけ全国に店舗が増えたということです。店舗数が増えていったことで、「あのコンビニに行かなくちゃ！」という目的性は今では著しく低くなりました。

また、最近雨後の筍のごとく増え続けるコーヒーショップは、セブン-イレブンが淹れたてコーヒーの提供を開始してから売上が下がっていると耳にしています。コンビニの商品展開力は底知れぬ雰囲気があり、最近はレジ横でドーナツなども販売しています。私は今後、ハンバーガーの販売なども始めるのではないかとすらにらんでいます。仮にこれが実現すれば、今度はハンバーガーショップの売上が下がる可能性があります。

店舗数が増え、希少性が失われ、今では完全に利便性だけが求められているため、いかに便利だと思ってもらえる場所に出店するかが問われるというわけです。

見ればわかる⁉ 成功チェーンと危険チェーン

◆「急激に、無茶な場所へ」出店し始めたら要注意

仕事柄、飲食チェーンの出店場所と出店ペースを見れば、「このチェーン、大丈夫か？」

ということはなんとなくわかります。異常なまでにハイペースな出店や、「ここはどうだろう？」と思ってしまうような場所への出店は、危険信号です。

チェーンの認知度が上がると、「今がチャンス！」とばかりにすごい勢いでバンバン出店していく企業があります。短期間に50店舗増加、１００店舗達成など、驚くような単位で店舗数が増えていると、私は不安を覚えます。それはなぜか。出店ノルマがきついことが予想されるからです。

数年前に流行った「東京チカラめし」を覚えていますか？　牛丼屋に似たような形態のチェーン店で、白米に、煮込んだ牛肉ではなく、焼いた牛肉が載った「焼き牛丼」が男性を中心に大ヒット。値段も安く、普通の牛丼に飽きていた客層を取り込んで、一気に店舗数を増やしていました。

ところが、一時期は１００店舗を超えて１０００店舗を目指す勢いで出店していた東京チカラめしですが、今では東京、神奈川、千葉、大阪に11店舗ほどしかありません。話題になっていた頃は、都内の繁華街を歩けば必ず目に入るほどたくさんの店舗があったのに、です。

なぜ、こんなに店舗数が減ってしまったのか。大きな理由として考えられるのが、急速な出店ペースに商品のオペレーションが追い付かなくなってしまったこと。一気に店舗数を増やしたため、店をしっかり回せる仕組みが整っていなかったのだと思います。

短い準備期間でオープンすることのリスクは、まさにこれです。さまざまなミスが出たり、効率が悪くお客様をお待たせしたり、それに対応するスタッフもきちんと育成できていないとなると、お店はうまく回っていきません。東京チカラめしはメディアでも「今大人気のお店」として大々的に取り上げられていました。世間から注目を浴びれば浴びるほど認知度は増しますが、一方でクレームも出やすくなります。

スタッフの対応がちょっとまずかったりすると、すぐにクレームになります。オペレーションがうまくいっていないのですからミスが出るのは当然なのですが、そんなことはお客様には関係ありません。対応しなければならない現場は本当に悲惨です。

きりきり舞いで働いても、お客様からすれば落ち着いて食べられない、気分よく食べられないとなると、どんなに安いメニューを用意しても客足は遠のいていくばかり。

「あのお店、いまいちだったよ」といった悪い評判は広がりやすいという調査結果があります。「あのお店、すごくよかったよ」という良い口コミは平均5人に話すのに比べ、「あの店、ひどかったよ」という悪い口コミはなんと平均10人に話すそうです。今はSNSを通じ簡単に口コミが広がります。おそらく、その影響は10人ではすまないですよね。グルメサイトに低い評価を書き込まれたら、それこそたくさんの人が閲覧するはずで、そうなると挽回するのはどんどん難しくなっていくでしょう。

また、お店が回らない理由には、当然立地も関係してきます。とにかく数多く出店しようとすると、そこそこの物件であってもとりあえず出店してしまうのです。出店ノルマがきついとなれば、「もうどこでもいいから出店したい」と思い、多少賃料が高くても手を出してしまうこともあります。

実際、東京チカラめしがどんどん店舗数を増やしているときに、「こんなところに出店するなんて、めちゃくちゃだな⁉」と感じたことがありました。商圏を考えると悪くない場所ではあるのですが、店内の形状がいびつなのです。入り口がわかりにくい場所にある、中に入ると狭く、人がすれ違えないような通路、動線無視の場所にある食券機、隣との間が狭く落ち着かないカウンター席……。

東京チカラめしに限らず、時々こういった変な形のお店を見かけることがあります。狭い物件を無理やり店舗にしたようなところです。個人店ならそういう形状の店でも理解できますが、チェーン店の場合は要注意です。何とかして出店したことが、後々自らの首を絞めることになります。

◆収益性の高い店舗のフォーマットを維持できるか

飲食店は、売上の10％くらいの賃料が理想的だとされています。月に1000万円の売上なら賃料100万円程度が理想です。100万円でそれなりに規模感のあるテナントを探すのは、簡単ではありません。それでも前述の通り、出店数のノルマがあると、賃料が高い物件でも、形がいびつな物件でも、ひとまずオープンしてしまいます。

こうした行き当たりばったりの出店を繰り返していると、気づけば真っ赤なP／L（損益計算書）になってしまっているわけです。そのときにすぐにテコ入れできなければ、立ち行かなくなってしまうでしょう。

要は、お客様目線でお店をつくれているかどうか、という話です。お客様が入りやすく、食べやすく、帰りやすい。この一連のお客様の流れに対して気遣いができるかどうかが問われています。「店舗の形状は厳しいけれど、とりあえず開店しました」という自分勝手な出店では、お客様からの支持は得られません。

では、どうすればお客様から支持されるベストな店舗ができるのでしょうか。

クイックに回転数を稼いでいくお店なのに、店舗の面積がやたらと小さい。逆にやたらと広い。これは非効率です。お客様を待たせすぎてもいけないし、ガラガラすぎてもいけない、その間を保てる絶妙なバランスがあって、本来はそのサイズ感がお店の店舗構成を決めるのです。

たとえば、吉野家でもなんでも、「こういう人がターゲットで、こんなふうに利用してほしい。となると、だいたい○席ぐらいがベストだ」といった基準が決まっています。吉野家なら吉野家の、ベストな店舗のフォーマットができているのです。

ロードサイドを中心に展開している飲食チェーンの多くでも、店舗のフォーマットが決まっています。どのくらいの広さで、厨房がこの位置にこのくらいの面積、カウンターを囲む客席はいくつで、テーブル席は窓側にいくつ、入り口・出口はもちろん食券機を配置する場所まで決まっています。それを現状の物件に当てはめて配置すれば、ベストな店舗のできあがりです。コンビニなら40坪もあればＯＫで、その中でどういう配置にするとクイックに買い物をしてもらえるか、そのフォーマットもだいたい決まっています。

ところが、フォーマットを無視してどんな物件にでも出店していると、ベストな店舗に合わせた店づくりをすることができず、コンセプトが崩れてしまいます。そのため、10席しかない狭い店舗から、30席以上もある妙に広い店舗までさまざまな形状の店舗ができてしまうのです。こうなると、お店の収益性も変わってきますし、オペレーションも変わってきます。すべてが崩れてしまうのです。

チェーン店というのは、やはり「チェーン店」というくらいですから、均一の商品を、均一のオペレーションで、均一のお店で提供するというのが大前提になってきます。多少の誤差はあって当然ですが、あまりにも違っていたらそれは問題です。

その業態にとって最も収益性の高いフォーマットを組み上げ、それをどれだけ守って出店するか、それが店舗そのもののクオリティの高さにつながります。チェーン店は、我々の気づいていないところで綿密な店舗開発を進めているのです。

独自の出店でニーズに応える

◆どうしてここに？　富士そばとカフェ・ベローチェの絶妙立地

都内を中心に１１３店舗を展開している「名代 富士そば」は、低価格のそばをメインに丼物も扱っていて、スピーディーに提供されるのがウリのお店です。１人でサッと食事を済ませたいときにぴったりで、創業者・会長の丹道夫氏のこだわりで、店内では演歌が必ず流れています。

個人的な印象ですが、富士そばは、「すごくいい立地」にあるわけではありません。人通りの多い立地にしっかり出店しているな、という印象ではないのです。

「困ったときに富士そばがある！」と感じます。たとえば初めてやって来たような場所で、「このあたりは食べ物屋はないようだ。昼飯は諦めるか……」と途方に暮れて覚悟を決めたそのとき、富士そばがあった、という感じです。

飲食店が軒を連ねるような商店街にあるというよりは、その商店街を通り抜けてすぐに曲がった道や、商店街なかほどから１本横の路地に入ったところ、あるいは地下鉄を降りてお店もまばらな土地で、もう少しで住宅街に入りそうな一歩手前の交差点……そういった「この店しかなければ、ここで食べるだろう」という場所にひっそりとお店があるイメージなのです。

味で本格そば屋と勝負する店ではありません。普通のおそばを、スピーディーに出す富士そばです。

富士そばは、創業者で会長の丹氏が出店場所を決めていると聞きます。丹氏は富士そばを創業する前は不動産会社で成功した方で、物件については一家言あるのだそうです。

そんな不動産に詳しい創業者が見つけてくる物件です。いうなれば、「お客様が『助かった！』『富士そばがあってよかった！』と思える場所」にしっかり出店している。絶妙の立地戦略を感じます。

同じように、不思議な場所にあって重宝するのが「カフェ・ベローチェ」です。ベローチェは「コーヒーハウス・シャノアール」の別業態で、都内を中心に174店舗あります。ブレンドコーヒーが1杯200円と手頃な価格で、ちょっとした休憩にはピッタリです。

コーヒーチェーンのドトールコーヒーなどは、駅を降りてすぐのところ、駅前からわかりやすい場所に出店していることが多いです。駅の近くで時間を潰そうとしたり、駅周辺で待ち合わせをするとき、ぱっと目に入って便利な場所です。

一方で、ベローチェは駅の真正面にある、というわけではありません。駅から近いことは近いのですが、1本横道に逸れたところや大通りに面している店舗の裏側など、王道とは少し外れたところにあります。

しかし、その周辺に住んでいる人、その周辺で働いている人たちはベローチェがそこにあることを知っていて、利用者が多くいます。ベローチェのホームページには、「お客様が毎日気軽に利用できるよう、分かりやすく、立ち寄りやすい場所に立地しています」と書かれていますが、これは「その場所を毎日訪れるような人が、覚えやすく、使いやすい場所にある」ということではないでしょうか。

王道からすれば少しわかりにくい場所ということもあり、おそらく賃料もそんなに高くはないはず。その代わり、1店舗の面積は広めのところが多いです。駅の目の前ではなく、気づかない人もいるので、たいてい座れる印象です。駅前に行列をつくっているようなカフェとは違い、ゆったり過ごすにはもってこいのカフェなのです。

富士そばやベローチェは、「ここに出店するなんて、わかってるな！」とお客様に一目置かれるような場所に出店できれば、経営はしっかり成り立つという好例でしょう。都内で飲食店に困ったときは、付近に富士そばやベローチェがないか探してみてください。

◆都内のカフェ、それぞれの立地事情

飲食店の激戦区、東京都。そして中でも、その闘いが過熱し続けているのがコーヒーチェーンです。スターバックスにタリーズ、ドトール、ベローチェ、椿屋珈琲店、猿田彦珈琲、上島珈琲店、珈琲茶館 集……ここでは挙げきれない数の店が、しのぎを削っています。

そんな東京のコーヒーショップの事例にも、ユニークな戦略が見られます。

たとえば１９６４年に創業した「喫茶室ルノアール」は、昭和の喫茶店の香りを残した店内が年配の方を中心に人気の喫茶店です。現在も東京を中心に系列店を含めて１４０店舗が存在し、１４０店舗中１２５店舗が都内にあります。

落ち着いた雰囲気のルノアールでは、スーツ姿で打ち合わせをしている人をよく見かけます。ある意味、街中の会議室のような位置付けと捉えられるかもしれません。確かに静かな場所を求めてルノアールに入れば、中で若者が騒いでいるという光景にはまずお目にかかりません。喫煙席がしっかりつくられていることも、愛煙家が行く理由になります。

立地的には、駅前というよりは駅から少し離れた場所にあります。主に「その場所を知

っている人」が利用する印象ですが、最近は、ビルの2階に出店されていることも増えています。一度覚えたら忘れられない趣のある看板をしっかり出していることが多く、「あ、ルノアールがあるんだ。ちょっと疲れたし寄っていこうかな」と足を止める人もいるでしょう。

また、同じルノアールの別事業に、「マイ・スペース」があります。26店舗と数は多くありませんが、ここでは予約制で会議室を使うことができます。レンタルスペースに近いかたちで営業しているので、ビジネスマンを中心に人気があります。店舗併設の場合は、ルノアールのメニューを頼むこともできるので、コーヒーを飲みながらの打ち合わせにはピッタリです。

「会議室レンタルで使われるコーヒーショップには他にも、カフェ・ミヤマ（Cafe Miyama）があるな」と思い出された方、「カフェ・ミヤマ」も、ルノアールの系列です。このように、同じコーヒーショップ＋会議室というサービスでも、複数の店名でそれぞれの雰囲気を用意し、お客様に選択肢を提供しているのです。

コーヒーチェーンはまさにレッドオーシャンの市場です。その中でどうやって他チェーンと差別化し、生き残っていくのか。今後の動向でポイントとなるのが、立地だと私は考えています。

なお、アメリカのサンフランシスコからやってきた「ブルーボトルコーヒー」は、2015年2月に日本第1号店を都内の江東区、清澄白河にオープンさせました。「コーヒー業界のアップル」といわれるほど強いこだわりを持ったコーヒーチェーンですが、銀座や新宿といった人が多く、ブランド力の高い街ではなく、アットホームな雰囲気が漂う住宅街の清澄白河に店を出したのです。この意外性のある立地は話題になりました。

ブルーボトルコーヒーは、日本第1号店をどこにするか、相当なリサーチを重ねたうえで清澄白河に決めたそうです。決め手は本社のあるカリフォルニア州オークランドに環境が似ていたからだといいます。

実は、清澄白河は古い日本の喫茶店が多く残っている街でもあります。そこに、新しいコーヒー店も続々とお店を出しているため、コーヒー店が地域に根付きやすい土壌を持っているのです。その後も急激に店舗を増やすようなことはせず、意外性のある1号店を落ち着けたあとは、青山、六本木、新宿、品川、中目黒とある意味「いかにも」な場所に出店し、順調な売れ行きだといいます。

◆スタバとタリーズ、店の雰囲気は似ていても異なる客層

人気、実力を兼ね備えた「コーヒーチェーンの雄」ともいえるスターバックスは、基本的に人口量を基準に出店戦略を考えています。これは第2章で解説したセブン-イレブンと同じ王道の出店戦略です。

ただ、スターバックスの場合は、人口量の基準にもう一味加えています。その視点が、ブランディングです。

ブランディングを意識するスターバックスが、都内23区ではどこに出店しているか。最も店舗数が多いのが千代田区です。2番が港区、3番が渋谷区です。それらの区にどんな街があるかというと、港区なら赤坂や六本木、青山。千代田区なら東京駅周辺、丸の内など。渋谷区には渋谷、原宿、表参道があります。

いかがですか？「スターバックスがありそうな都会の街」のイメージと一致しますよね。こうなると、スターバックスへ行くモチベーションが高まります。これらの街では、テイクアウトしたスタバのコーヒーを片手にショッピングする人を目にするでしょう。

スターバックスコーヒージャパンでＣＥＯを務められていた岩田松雄氏は、「僕らは第五次産業です」とおっしゃっていました。一次、二次、三次に続き、第四次産業がＩＴ産

業とされています。そして岩田氏の定義する第五次産業とは、新たな価値を創造する企業、感動を創出する企業といいます。たとえば、ザ・リッツ・カールトンホテルや、オリエンタルランドといった企業は、第五次産業の代表格といえるでしょう。

スターバックスも、お客様に夢を与えることをコンセプトにしています。ですから、「人が多ければどこにでも出す」というわけにはいきません。「〝うちに来てくれる人〟が多いところに出す」というスタンスです。

スターバックスが与える夢というのは、「新しい味のフラペチーノを試すワクワク感」や「デートで行く楽しみ」といったことが当てはまります。そういったコンセプトを具現化し、前面に出しているからこそ、「待ち合わせをしてでも行こう」といえるブランド力を、スターバックスは持つことができるのです。

一方、店内のオシャレな雰囲気はスターバックスと双璧といった印象があるのが、タリーズコーヒーです。何かと比べられる機会が多いスターバックスとタリーズですが、実は大きく異なる点があります。それは喫煙席の有無と、それに紐づいた客層です。

スターバックスはブランドイメージを何より重視していますので、若い男女がメインの客層です。その客層が求めるものを追求した結果、全店舗が禁煙となりました。コーヒーの風味や香りを損なわないことも、全席禁煙の理由だといいます。

一方でタリーズは、しっかり分煙された喫煙席があります。打ち合わせの合間や約束までの空き時間にタバコを一服したいお客様は一定数います。喫煙者数自体が減っているものの、歩きタバコが禁止され、喫煙所も少ないことに困っている喫煙者は多い。そういう方が選ぶのが、喫煙席のあるコーヒーチェーンや喫煙ＯＫの喫茶店です。

そのため、都心のコーヒーチェーンの喫煙席はさながら「おじさんの休憩所」の様相を呈していることもしばしば。タリーズも中年男性の客層が明らかに増えていると、お店に入るたびに感じています。

実際、創業当初のタリーズは港区のオフィス街を中心に出店し、「タバコの吸えるシアトル系コーヒーの店」とビジネスマンたちから認識されていたそうです。喫煙可の飲食店が減っている今、人の多い駅前や喫煙所・喫煙可能な店のない場所に出店することで、タリーズは「愛煙家のオアシス」としてスターバックスとは異なる客層を確実に集めているのです。

チェーン経営、個人経営、そして経営者の個性について

◆チェーンと個店、大きな差があって当たり前

個人で飲食店を経営していらっしゃる方にとって、同じ業態のチェーン店はライバルになり得ます。自分のお店の近くに安くて早いチェーン店ができたら、そちらにお客様を奪われることを当然危惧するでしょう。

「あんなチェーン店ができてしまったら、うちもおしまいだ……」と嘆いておられる方もいるかもしれませんが、諦める前に、自店とチェーン店は何が違うのかを知り、飲食チェーン店から見習うべき点があればそれを学ぶことをしてみてほしいと思います。

外食業界全般の平均月商は、いくらぐらいだと思いますか？

だいたい500万円前後です。焼き肉チェーンになると単価が高いので1000万円から1500万円ぐらいになります。ですから、チェーン店で1000万円を超えるとかなり売っているお店、逆に300万～400万円だとあまり売れていないお店となります。

チェーン店の中華料理屋の日高屋なども、売るお店は７００万～８００万円ほど売り上げますが、夫婦で経営しているような街の中華料理屋の月商はどのくらいかといいますと、だいたい80万～１２０万円ぐらいです。外食チェーンの平均と比べてもかなり低いことがわかります。そういう意味では、チェーン店というのはいくつもすごい点があります。まず合理化されている点、それだけの売上を獲得できるようないい場所に出店している点、そしてそれをこなせるだけのオペレーションが簡易化されている点です。

チェーン店は、誤解を恐れずにいえば、美味しくはないけどまずくはない、というのがコンセプトです。まずくないというのは最低レベルですが、各社の企業努力により、そのレベルは年々上がってきています。

個人店の場合は、土日、祝日は休んだり、定休日があったりと、意外と休みの日があると思います。しかし、チェーン店は基本的に休みません。店のオーナーが料理をしているかどうかはさておき、そもそも毎日夜10時、11時ぐらいまでは営業しています。コンビニは24時間３６５日ですし、最近は24時間営業のチェーン居酒屋などもありますから、個人店とチェーン店で売上差がそのくらいあっても不思議ではないのです。

そういったチェーン店と戦うのであれば、個人店は生半可な気持ちややり方では勝てるわけがないですよね。チェーン店の仕組みを知り、それを刺激として受け止めていけば、個人店を経営する人たちの商売の仕方や意識も変わり、チェーン店と肩を並べて戦っていけるのではないかと私は思っています。

◆創業者の直感頼みの出店は、引き継ぐのが難しい

立地戦略には、経営者の考え方や思想が案外色濃く出ます。飲食店の経営者の多くがかつてフライパンを振っていた経験があり、美味しい料理を自ら振る舞っていたと聞きます。そのときにお客様から「ありがとう」といわれる喜びを忘れられなくて、どんどん店を大きくしていった……というのが、チェーンの創業ストーリーの定番だと思います。

たとえば、首都圏を中心に360店舗ほどを展開している中華料理のチェーン店「日高屋」は、創業者で会長の神田正氏が今でもすべての出店先を決めているといいます。400店舗程度とあまり拡大しすぎないのは、そういった点もあるからでしょう。神田会長も、もともとは大宮のラーメン屋で腕を振るっていた方なので、自分のこれまでの経験やバックグラウンドの中で、出店先としていい・悪いの基準があるのだと思います。

この40年近くは、日高屋のようなやり方で大きくなった飲食チェーンがたくさんあります。しかし、そのやり方で広げていくのは難しくなってきています。ちょうど踊り場に来ている企業が増えているのですが、そこからさらに飛躍するためには、ファンドや他業界で活躍した方といった新しい血を採り入れる必要があります。今はもう、そうやって成長していく時代なのだと思ったほうがいいでしょう。

だからこそ、経営者が元気なうちに、経営者の頭の中といいますか、考え方をすべて引っ張り出して、見える化し、社内の仕組みとして残していくことをしなければなりません。立地についても、経営者がすべて決めているような場合は、今からでもそのノウハウを聞き出して仕組みに落とし込んでおかなければ、大きく誤ることになる可能性がありま す。それがきちんとできていないと、経営者を失ったとき、急激に会社が傾くことも往々にしてあります。

創業者の方で、特に第六感の鋭い方というのは、出店に関してもあまり外さないものです。過去の経験や直感で「ここだ！」と思ったところに出店して、それで成功してきています。ですから、基本的にそういった方から相談を受けた場合は、「そのままの感性でやってください」と伝えています。

ただ、これが10店舗、20店舗、30店舗となってくると、創業者も自分で物件を見て決めることが難しくなってきます。経営者として他にもやらなければならない仕事がたくさんあるからです。

そのため、店舗開発を誰か他の人に任せますが、任せたときに自分の第六感まで引き継がせることができるわけではないので、そこでほころびが出てきてしまう場合があるのです。それまでは創業者が見つけた物件でどんどん成功していたけれど、店舗開発部を立ち上げ、そこの部長に任せたら急に売れなくなったというのも、よく聞く話です。

できればそういうときに、しっかりとしたロジカルな裏付けを持った経験者であったり、我々のような外部の専門家の人間に協力を仰いで、ある程度物事を整理整頓させて仕組み化させることをしてもらいたいです。ある店舗数からうまく広げられないというのは、この創業者の第六感を把握できていない場合が多いです。

創業者に、「ビビッときたからだ」といわれても部下は真似できません。ですが、成功している場所をよく分析していけば、人口がこれぐらいで、競合がこういう感じで、こういう大きさの物件で、といったデータが見えてきます。それを客観的に説明されれば、誰でも理解できるはずです。その客観的な情報の分析・整理を創業者に代わって行うのが、我々の仕事といっていいでしょう。

また、「昔はこれでよかったんだ」という過去の成功を捨てきれない場合もありますが、刻一刻と変化する時代の流れをつかみ、それに対応していかなければ、いずれ淘汰されてしまうでしょう。時代の変化をつかむことも大切なポイントです。

◆飲食店の立地戦略、この極意に学べ！

・人口が多ければ正解ではない。昼と夜でガラリと変わる、街の性質を見抜くべし。
・コンビニのイートインなど新たなライバルも出現する中で、飲食店は「選んでもらうにはまず目立つこと」を徹底している。
・「模倣文化」の飲食業界では、ビジネスモデルやブランディングの栄枯盛衰が激しい。常に先を見据えたものだけが生き残れるシビアな世界。

――新業態がひっきりなしに誕生する飲食業界には、立地戦略の本筋が見える。

第4章：出店戦略が必要ない!?
立地にこだわらない業態

出店戦略をもたない業態の戦略

ここまでは、出店攻勢が激しい業界を例に立地戦略を解説してきた。ひるがえってこの章では、そういった立地戦略とは一線を画す、いってしまえば「立地戦略も何もない、そもそも立地にこだわっていない」、そんな業態を紹介していく。

コンビニや飲食チェーンが立地争いにしのぎを削っている横で、立地にこだわらず悠々と営業を続けている業態とは、いったいどんな業態なのか——。

実はそのような業態はすべてが同じ理由で立地戦略を必要としないのではなく、大きく分けてもみっつの理由がある。それぞれの理由と事情を知ることで、そもそもの「ビジネスモデル」と「立地」がいかに深い関係にあるか、理解を深めることができるだろう。

また、立地にこだわらない業態が出店している場所が、立地にこだわる業態の立地戦略のヒントにもなるはずだ。事例としてはユニクロやドン・キホーテから地元のクリーニング屋、美容院など、生活になじみの深い企業や業態が多いので、納得しながら読んでもらえることだろう。

戦略がいらない理由その①　自らが顧客誘導施設である

◆ユニクロの強力なブランド力は、立地戦略をもしのぐ!?

アパレル業界で根強い人気と勢いを保ち続けているのが、ユニクロでおなじみのファーストリテイリングです。安価で高機能なフリースの大ヒットをきっかけに、ヒートテック、ウルトラライトダウン、ジーンズなど、機能的でどんな人でも着やすいベーシックなデザインの人気商品を次々に打ち出し、広く知られるようになりました。海外にも多数の店舗を出店する、世界的にも有名な企業です。

そんなユニクロの店舗というと、みなさんはどこで見かけるでしょうか？　ショッピングセンターの一角、郊外のロードサイド、ファッションビルの上層階、都会の路面店、電車の駅の中……思い浮かべる店舗の場所はいろいろあると思います。店舗のサイズも、ビルの複数階を使った大型店から、商品数を絞った小型店まで多種多様です。そうなると、たとえば一定の品数を揃えて人通りなどを非常に吟味するコンビニと比べると、ある意味「どこにでも出店している」ということもできそうです。

どんな場所にでも出店できる――これは非常に強いブランド力、求心力があるからこそなせる業です。そうなると、何が起こるか。

都心のデパートが、売上が厳しくなる中でお客様を惹きつけることができるテナントを考えたときに、ユニクロの名前が挙がる。高級品を扱うわけではありませんから、一昔前ならデパートにユニクロが入るというのはミスマッチな印象がありました。

ところが今では、デパートのワンフロア、2フロアを使ってユニクロがドカンと出店している光景も珍しいものではなくなりつつあります。デパートの賃料は決して安くはありませんが、広大な店舗面積で出店しても採算が取れると踏んでいるからこそ出店できるのであって、いかにユニクロの求心力が強いかがわかります。

ユニクロの強い求心力でお客様が足を運ぶ。すると、百貨店でちょっと他の店も見てみようかとか、食事をしていこうかということにもなる。

そう、ユニクロなどの「立地戦略が必要ないほどに、求心力が強い」店というのは、それ自体がマグネットのようにお客様を呼び込むのです。ユニクロがあるところには人が来る、とすらいえるかもしれません。そういった店は往々にして、「ユニクロに行こう」「ドンキに行こう」といった具合に、その店自体が目的になっています。

たとえばおにぎりや朝食のパンを買おうとなったら、「コンビニに行こう」とはなっても、それがセブン-イレブンでもローソンでも、そんなにこだわらないと思います。ちょうどいい場所にあったほうに、入るのではないでしょうか。

しかしユニクロやドン・キホーテといった強いブランド力の店舗の場合は、もちろんふらっと入るお客様も当然いるものの、多くの場合は「寒くなってきたからユニクロのヒートテックを買いに行こう」とか、「週末のバーベキューに備えてグッズを一式ドンキに揃えに行こう」といったような使い方をされるというわけです。

これが、立地戦略に全力を注がない、それどころか立地戦略上のマグネットになるような業態です。人を引き寄せる力が立地戦略をしのいでしまう、むしろ他の企業を誘致することにもつながる、稀有なケースといえるでしょう。

◆人を集めるマグネット、顧客誘導施設の力

ユニクロや、ユニクロの項目でちらりと名前を出したドン・キホーテなどのマグネット的存在を、立地戦略上では「顧客誘導施設」と呼びます。

総合ディスカウントストアのドン・キホーテは、日用品から電化製品までを揃え、安く

買えることがウリです。店舗内は床から天井まで所狭しと大量の商品が並べられています。店舗によっては何フロアにもわたってたくさんの棚が並んでおり、狭く複雑な通路はまるで迷路のよう。アミューズメントパークに行く気分で訪れる人も多いお店です。ターゲットは若い人を中心に、主要都市に出店を重ねています。

ドン・キホーテの特徴のひとつに、「アクセスが悪い場所にある」という傾向があります。特に都心の店舗は、駅から徒歩でも行ける距離ではありますが、駅のすぐ近くというよりは、しばらく歩いたところにある場合がほとんどです。顕著なのは渋谷や中目黒のドン・キホーテでしょう。いずれも「歩けるけど、ちょっと面倒」「雨だとつらい」くらいの距離にあります。

これがもっと駅の近くにあれば、お店に入る人も増えてさらに儲かるように思うかもしれません。ですが、安く買えるのがウリの店舗です。駅の近くの物件の賃料と収益との兼ね合いから、ある程度駅から離れた安い土地に出店しているという面もあるでしょう。

それでも、もしお客様が全然来なかったら売上は成り立たないですよね。あえて駅から離れるというリスクがあっても出店できるのは、なぜでしょうか？

この答えも、「ドン・キホーテ自体が顧客誘導施設になり得るから」です。「顧客誘導施設」とは、読んで字のごとく「顧客を惹きつける施設」、つまりお客様を集める施設です。

わかりやすい例でいえば、サッカーのスタジアム、野球場、遊園地といった施設はもちろん、人が多く乗り降りする駅や、駅に隣接する商業施設、デパート、ショッピングモール、郊外であれば大きな交差点や幹線道路、高速道路のインターチェンジなども、多くの人を集める場所という意味で、顧客誘導施設といえます。

どんな施設でも顧客誘導施設になれるわけではありません。ある程度、目的性が高い場所である必要があります。「ここに行きたい」「ここに行かなければいけない」という目的がなければなりません。そして、目的性が高い場所は、どんな場所でも人が集まります。そのため、多少不便な場所であっても人はそこへわざわざ行くのです。

「今日はドン・キホーテに行こう」という目的になり得る店のため、立地はそこまで重要視されていないわけです。せっかく行くならと大型商品を買ったり、まとめ買いをする人も多いので、車を使う人も多いでしょう。だからこそ、駅から少し離れた場所でも営業が可能で、そこで安く商品を売ることができているのです。

◆人が消える⁉　賑わう街の落とし穴

ここでひとつ注意したいのが、「顧客誘導施設になりそうでならないもの」の存在です。最も気をつけたいのが、大学です。なぜだかわかるでしょうか？

早稲田大学のある高田馬場などは、いつでも賑わっているように見えます。確かにここは、学生街というだけでなく商業性も持っているビジネス街でもあるので、大きな問題はないのですが、少し郊外の大学は要注意です。

入学式前後の街の様子を見ると、大勢の学生が行き交い、「すごい人通りだな」と感じるでしょう。しかし、自分の大学時代を振り返ってみてください。おそらく、1年のうち3分の2程度しか大学には行っていなかったのではありませんか？「そんなことはない」という方は、立派な方です。それでも、夏休みや春休みなどは高校なんかと比べても長期間だった記憶があるのではないでしょうか。授業がある時期は、思ったより短いのです。

ですから、1年を通して見てみると、学生街というのは閑散としている時期がかなりあるわけです。1年中、学生だらけというのはあり得ません。

さらに郊外の大学は比較的広い土地につくられ、周りは普通の住宅街や田畑、山林ということもあります。その場合、学生以外に人がたくさんいる場所ではないことも珍しくありません。

そのため、一時の賑わいを見て学生客を想定し、安い定食屋をオープンしても、思った以上に儲からない時期が多く、加えて他の客層が望めないために経営が厳しくなったりするのです。大学近くでの出店は、それなりにリスクがある点を覚えておいてください。

◆だから、コンビニや飲食店は1階が断然有利

ここまでお読みくださったあなたには、「なぜコンビニが1階にあるのか」という問題は簡単すぎると思います。

そう、コンビニは目的性が低く、顧客誘導施設になれないため、とにかく「他よりもウチを選んでもらう」工夫が必要だからです。一般的な飲食店についてもいえることですが、わざわざビルの上の階にあるコンビニに行こうとは思いませんよね。

飲食店も、「あのお店のあれが食べたい！」と多くのお客様に思われて、わざわざお店に来てもらうほどの店舗になるのは簡単なことではありません。有名シェフがいる、マスコミに取り上げられて人気がある、全国に1店舗しかない、そういったお店は目的性が高

いため、多少行きにくい場所であったとしてもお客様はやって来るでしょうが、チェーン店ならどこで食べてもメニューは同じですし、個人店であればリピーターのお客様をつかめなければすぐに商売が成り立たなくなってしまいます。

少しでも多くのお客様に来てもらうために、飲食店はやはり1階に入りたがります。雑居ビルの地下から5階まですべて飲食店が入っているようなところがありますが、わざわざすべての階に行ってお店の様子を見るような人はいませんね。

1階の賃料が地下や上層階と比べて最も高いのは、外から様子が見えて、入りやすいからです。地下や上層階は、その階までお客様に上がったり下がったりしてもらう必要があります。その分、賃料は安くできますが、お客様にお店に来てもらうためにチラシを配ったり、ビルの1階に立て看板を出してアナウンスしたりと、工夫をしなければなりません。

とにかく安いからと地下や上層階に出店しても、そう簡単に足を運んでもらうことはできないのです。混んでいるのか、すいているのかもわからない。お店の大きさも、どんなメニューかもわからない。評判や口コミがよほどの威力をもっていなければ、選択肢にもならず通り過ぎられてしまっても仕方ないでしょう。これではいけません。

牛丼屋やハンバーガーチェーンが1階にあるのも同じ理由です。「わざわざ地下に下りるくらいなら、数十メートル先の別のチェーンの牛丼屋でもいいや」と考えるお客様が圧倒的に多いからです。「３階まで行くのは面倒だ」と思われたら、それこそ「コンビニ弁当にしよう」となってしまうことだってあるのです。

自らが顧客誘導施設になり得ない業態では、いかにお客様が入りやすい立地にお店を出すか、少しでもいい立地を追い求め続けなければいけない理由はここにあるのです。

◆ショッピングセンターはひとつの商圏

全国に存在するショッピングセンターは、まぎれもない顧客誘導施設です。しかしショッピングセンターの場合は、それを顧客誘導施設と捉えるよりも、むしろ「ひとつの商圏」と捉えたほうが、出店先としては考えやすくなります。

ショッピングセンターでは、基本的にショッピングセンターにいる人の数が、そのままお客様の数になります。どれだけ人が来るかが、売上のほとんどを左右します。ロードサイドの何がしかのお店1店舗では、そこから半径何キロというのが商圏になるわけですが、ショッピングセンターはそれ自体が商圏となります。

ショッピングセンターに出店するときに一番わかりやすいのが、そのショッピングセンターが全体でいくら売るか、という指標です。たとえば、年間50万人が来るショッピングセンターと、年間300万人が来るショッピングセンターだったら、当然300万人が来るほうに出店すべきです。そのショッピングセンターに来る人の数がお客様の分母そのものであり、ショッピングセンターに来ない人はお客様になり得ないからです。

そのため、ショッピングセンターへの出店を考えている場合は、デベロッパーの担当者に、ショッピングセンターの売上見込やその根拠を聞いておくべきです。意外と、そうした数字はよく見せようと盛っていることが珍しくありません。かなり好調なショッピングセンターで、年間に300億円ぐらいは売り上げると思います。売れないショッピングセンターでは、年間の売上は数十億円ほどだといいます。

これだけ売上に差があれば、どちらに出店したほうがいいかは明らかです。どちらに出店するかで、売上が全然違ってきます。300億円のほうが規模も大きく、お店も多種多様に出店しているので競合店との戦いはきつくなりますが、仮に店舗数で300万人を割ってみても、数十万人のショッピングセンターよりは圧倒的に儲かるはずです。

ショッピングセンターは、今だいたい「2核1モール」といわれています。ふたつの核とひとつのモールという意味で、店舗配置を表しています。たとえば、スーパーマーケットとホームセンターのふたつを核として、施設の端にそれぞれ配置します。その間を長い通路（モール）でつなげ、通路に面してさまざまな店舗を配置する。いわゆる「ショッピングモール」という形態のショッピングセンターが増えているのです。

核となる店舗には、スーパー、ホームセンター、家電量販店、スポーツ用品店など、大型で買い物に行く人が多い業態が選ばれます。両端にあることで、それぞれの店舗に行こうとすると間のモールを人が必ず行き来することになる。そうして、人を回遊させるのです。顧客誘導施設の両端に、顧客誘導施設を置いているようなものです。

モールに並ぶ店舗には、核となる店舗間を移動する人が立ち寄るので、間にあるアパレル店や雑貨店、ちょっとした飲食店などが儲かります。モールの途中にアイスクリーム店があり、人が並んで食べていたら、つい自分も食べたくなりませんか？　でも、これがもし端のほうにアイスクリーム店があるとわかっても、わざわざそのためにお店に向かうかというと、よほど暑い日でもなければそこまでしない。ちょうど「ついで」のところにお店があるから、買ってしまう。こうしたことから、ショッピングセンター内の店舗配置をどうするかで、それぞれの店舗の売上もまた微妙に変わってくるのです。

たとえば、ラゾーナ川崎プラザ。川崎駅直結の大型ショッピングモールです。2014年度の売上高は767億円で、全国のショッピングモール売上高ランキングでトップクラスです。駅からつながる東端は1階から4階までビックカメラが入っています。反対側の西端の1階はホームセンターのユニディ、2階は雑貨大手のロフト、3階はベビー用品店のアカチャンホンポ、4階はゲームセンターのナムコと靴チェーン店のABCマートです。その間に、飲食店やアパレル店、雑貨店が数多く軒を連ねています。

まさにフロアごとに「2核1モール」の配置をしていることがわかると思います。モールにあたる部分は吹き抜け構造になっているので、片側を歩いているときに反対側へ行こうと思うと、渡れる場所が限られるため、ぐるっと回遊することになります。目的の店に着く前に歩き回るので、その間に他の店に立ち寄ってもらえる機会が増えます。この様子はまるで人の賑わう街の縮図のようなもので、これが「ショッピングセンターはひとつの商圏」という理由です。

◆「蔦屋書店とカフェ」「場外馬券場と吉野家」

東京都の代官山に、２０１１年12月にオープンした蔦屋書店をご存じでしょうか。新しい書店のコンセプトで現在も人気を博しています。

普通の書店のように本が整然と並んでいるのではなく、並べる本そのものやディスプレイにもこだわりを見せており、「アートな空間」とでもいいたくなるような雰囲気です。書店なのに、ダウンライト照明のもと、まるでレストランバーのような大きく贅沢なソファセットがしつらえてあったり、ピアノが飾ってあったりします。当然、書店の中にもラウンジが併設されています。

さらには、そのジャンルに詳しいコンシェルジュと呼ばれる専門スタッフもいるため、「こういう本を探しているんですが」と相談に乗ってもらえます。ビル内にはコンビニや病院まであるため、ひとつの街を形成しているような雰囲気になっており、休日ともなれば客足が途絶えない状況です。当然、ここにあるファミリーマートは、おなじみの爽やかな青と緑ではなく、蔦屋書店の雰囲気にマッチするダークブラウンの外装です。

そんな蔦屋書店は、代官山駅から5分ほど歩いた旧山手通り沿いにあります。もともとは静かな通りで、知る人ぞ知るブランドショップなどに足を運ぶ女性を中心に人気がありました。緑も多く、新宿や渋谷といった店舗がたくさん建ち並んでいるようなところではないため、ゆったりと買い物を楽しめる土地でした。

ところが、その雰囲気は蔦屋書店ができてから一変します。静かな通りには人があふれるようになり、土日にもなると人も多ければ車も渋滞するようになりました。

蔦屋書店は、非常に強力な顧客誘導施設になったのです。その惹きつける力が強ければ強いほど、街の風景が一変するくらいにたくさんの人を呼び寄せることが可能です。蔦屋書店はまだ全国に数店舗しかないため、「見てみたい、行ってみたい」と感じて足を運ぶ人が大勢いるのです。

人の流れを変えるほどの力を持っている顧客誘導施設があれば、その近くには飲食店が増えます。実際、蔦屋書店の周りのカフェは大賑わいになりました。本屋をふらっと見て、それからお茶をして一休み……そんなルートを誰もが通ろうとするため、カフェが儲かるわけです。カフェもチープさを売りにするお店というよりも、蔦屋書店を目指してくるようなしゃれた休日を楽しみたい人向けの、こぎれいな店が多いです。

多少値の張るカフェだったとしても、どこのカフェも混んでいれば「ここでもいいか」と思って入りますよね。いまだに多くの人があふれていますから、今代官山にカフェをオープンするというのは狙い目かもしれません。

この蔦屋書店とカフェのように、特定の顧客誘導施設と親和性の高い業態というのがあります。たとえば、牛丼の吉野家と親和性の高い顧客誘導施設は、場外馬券場です。競馬を見に行く人たちが、その前後に食事をするのにちょうどよいということで、場外馬券場近くの吉野家は売上がとても高いのです。場所によっては、競馬場があるかないかで売上が３００万円も変わってくると聞きます。

吉野家以外にも、安くてクイックで食べられる飲食チェーンが、場外馬券場をはじめ競輪場近く、ボートレース場近く、大型パチンコ店近くにたくさんあると思います。そういった場所の近くに高級フレンチを出店しても、きっと儲からないですよね。女性客がメインになるようなお店を出しても、あまり人が来ないでしょう。

どんな施設が自店にとっての顧客誘導施設になり得るのか、どういう施設がマグネットになって人を集めてくれるのか。

都心の駅は当然ですが、客層にマッチした顧客誘導施設がどういったものなのか、一度考えてみる必要があるでしょう。まずは自社のお客様をきちんと理解したうえで、その人たちが集まる施設がどこなのかを見定めていってください。

戦略がいらない理由その② 特殊なビジネスモデル

◆コインパーキングは隙間産業

ドライバーにとって、「ここにあってほしい！」という場所になくて困ることが多いのが、コインパーキングではないでしょうか。初めて行く場所で、駐車したいときに見つからない……「密集するところには密集しているのに、いったいなぜこの通りにないの⁉」と思ったことはありませんか。または、どう見ても駐車しにくそうな坂の途中にあったり、一方通行の路地に1台だけ停められるようなパーキングがあったりと、「なぜ？」と疑問に思う場所で見かけることもあるのではないでしょうか。

不思議な立地のコインパーキングは、おそらくほとんどが期間限定でその場所にあるものだと思います。つまり、土地の空白期間を有効活用しているにすぎないのです。

たとえば、ビルが売却されて建て直しをするようなときに、まずは一度今あるビルを壊して更地にします。その更地になった場所を一時的にコインパーキングにするのです。

もともとあった土地が売却されたり、競売に出されたりしたときに、次の持ち主に移行するまでの期間だけ駐車場として貸し出すわけです。無事に次の持ち主に渡ると、すぐに潰される運命にあります。

これが、隙間産業です。土地を遊ばせないために、短い期間でも駐車場にしておけば儲かります。何もしなければお金にはなりませんが、こちらは最初に設置だけすればお金が入ってきます。今は設備が簡略化され、投資がしやすくなっているそうで、土地を更地にしてしまえば、あとはコンクリートを敷いて機械を入れるだけです。そのあたりの作業を大手のコインパーキングチェーンでは、すべて請け負うこともしています。

急に駐車場になっていたり、あると思っていたところに久しぶりに行くともう駐車場ではなくなっていたりするのは、そういう理由だったのです。

もちろん、「このエリアにあると一定の需要があるだろう」といったことは想定できると思いますが、そのエリアの土地が都合よく空くかどうかはわかりません。チェーン本体のほうでもさまざまな情報は得ていると思いますが、これればかりはなかなか計画的には進められないところもあるでしょう。

ちなみに、その土地の値段、賃料に合わせて料金を設定しているので、地方に行けば安くなりますし、都内の一等地では買い物をしようと数時間停めたら、買ったものの金額より高い駐車料金を請求されることもあります。これはまさに、その土地の利便性によります。人が集まる土地は稼げる土地。だから駐車場の値段も上がってしまうのです。

今は駐禁が厳しくなっているので、宅配業者のトラックなども利用していると聞きます。需要はあるので数は増えていきそうですが、コインパーキングの立地というのは、戦略というには少し厳しく、利用者ファーストの業態ではないと思って利用したほうがいいでしょう。

◆クリーニング屋を質で選ぶ人は少ない？

同じ業種の店舗がいくつも並んでいる通りというのを見かけたことがありませんか？代表的なのは、クリーニング屋がそうかもしれません。ひとつの街にひとつだけということはなく、さまざまなチェーンや個人店が比較的近くに店を構えていることが珍しくありません。ひとつの商店街に複数のクリーニング屋があるのも見かけます。

では、クリーニング屋を選ぶとき、みなさんは何を基準に選ぶでしょうか？

丁寧な仕上がりを求める人がいる一方で、値段で決めてしまう人も多いでしょう。ポイントカードを導入しているお店や、一定の枚数をまとめて頼むと安くなるお店、会員になると安くなるお店など、お店のほうも、値段での差別化を図ろうとしていますね。

あとは、単純に家から近ければどこでもいいという人もいるでしょう。今まで行っていた店よりも近い場所に新しくクリーニング屋ができたら、あっさりそちらに乗り換えたりします。この場合は自分にとって便利な立地で選んでいるわけです。

クリーニング屋には、店舗内で実際に洗濯し、アイロンをかけているようなお店もあれば、店舗では受付だけして、実際のクリーニング作業は工場へ配送して行っているお店もあります。受付だけをしているクリーニング屋は、基本的にフランチャイズです。窓口業務、つまり取り次ぎするのが仕事です。

取り次ぎだけの店舗では、窓口でお預かりして引き換えの紙をお客様に渡し、業者に依頼するだけで運営できます。特に営業努力をせずとも、スタッフは店頭にいるだけでお客様が勝手にやってきます。特別なこだわりを持ってクリーニング屋を選んでいる人はそこまで多くないので、そこにあるだけでお客様が来るというわけです。逆にいえば、同様の理由から、クリーニング屋は長蛇の列ができるような人気店にもなりにくいですね。

混雑しないのであれば、店舗にいるスタッフは最低限、取り次ぐだけなら１人でもできます。そして、１人が食べていけるだけの儲けは、そこそこの人数のお客様で十分やっていけます。つまり、近くに競合店が乱立していようが、取り次ぎだけの店舗であればやっていける、食っていけるということです。これなら、立地について必死に考えなくても、それなりの場所であればどうにかなると思ってしまいますよね。

もちろん、フランチャイズの場合はロイヤリティがポイントになるので、本部としても儲けてもらわないと困りますし、本人も儲けられないとロイヤリティを支払えないので、立地はある程度きちんと見ていると思いますが、コンビニや飲食店ほど熾烈ではないのは間違いないでしょう。

戦略がいらない理由その③　オンリーワンという強み

◆島唯一のスーパーはどこにつくるべきか

10年以上前のことですが、鹿児島県の徳之島でスーパーを経営されている社長さんが、突然弊社にいらしたことがありました。

徳之島は奄美群島の中央に位置する離島で、東京までは飛行機を乗り継いで5時間はかかるような場所です。アポもなく、本当に突然いらして、たまたま社内にいた私が対応することになりました。社長さんは、ある相談ごとをおもちでした。

「徳之島の中で、うちは唯一のスーパーです。店舗が老朽化してきているので移転したいのですが、島のどこがいいでしょうか？」という内容でした。社長さんは真剣です。みなさん、ちょっと考えてみてください。どこに移転すればいいと思いますか？

私の回答はこうです。

「島に1店舗しかないスーパーなんですよね？　それならどこでもいいですよ。そこにしかなければ、みなさんそこへ買いに行きますから」

島の中で唯一のスーパーは、非常に希少性が高いです。代わりになる店舗もないのですから、島中の人がそこに買い物に行くしかありません。店が移転したとしても、やはり移転先に島中の人が訪れるため、売上が大きく下がるようなことはないはずです。

当たり前のことですが、競合がゼロであれば、正直、立地はどこでもかまいません。考えればわかることだと思いますが、それでも今よりもお客様にとっていい立地を考えたいと、わざわざ東京まで相談にやって来られた社長さんの真剣な姿は、今でも強く印象に残っています。現在、徳之島には複数のスーパーがあるようですが、あの社長さんのスーパーをいつか見てみたいと思っています。

とはいえ、これはかなり特殊な事例で、競合がゼロというのはそうそうあることではありません。あえて挙げるとするならば、「あの名医に診てもらいたい」とか、「この病気は日本のここにしか専門医がいない」といった理由で、治療を受けるために全国から人が集まるような病院などはそれに当てはまるかもしれません。

普通のスーパーマーケットは、今では同業他社以外にもいくらでも競合が挙げられます。24時間営業のコンビニは脅威ですし、食料品の扱いを広げている100円ショップ、ドラッグストアなども十分競合となり得るでしょう。

強い競合が多数あり、その戦いが厳しいからこそ、立地戦略を考えてもっと前に前に出ていかなければなりません。「ここにあります！」と自店の存在をアピールしていく必要があるのです。

◆創業の地には人が集まる

あなたの知るお店の中で、「こんな場所に、有名パティシエのケーキ屋さんが？」というお店がありませんか？　駅から遠かったり、あまり人通りのないような路地にあったりするお店です。「ある！」という方、それはずばり、その店が「本店」、つまり最初につくった「1号店」ではないでしょうか。

大人気の「ル　パティシエ　タカギ」の本店は、東京は深沢という街にあり、電車の駅から離れた場所にあります。今や全国的に超がつく有名店ですが、元は地元に愛された名店であり、今も本店は当時そのままの場所にあります。

世界的にも有名でいくつものブランドと店舗を持つ辻口博啓さんが最初に立ち上げた「モンサンクレール」も、自由が丘の駅からやはり徒歩10分かかります。

このように、都心のデパートにも店舗を構え、誰もが知るようなお店になったとしても、最初に店をオープンした場所、本店の場所はそのままにしている。もっと駅の近くや人通りの多いところに出店すれば、お客様も増えそうなのに、そのままの場所で営業を続けている。そんなお店は少なくありません。これは、第一には、創業の地を守ることで創業時の想いなどを大切にしたいという信念があるからでしょう。

しかしそれだけでなく、有名になったことで、多少アクセスしにくい場所にお店があったとしても、わざわざ本店に買いにやってくるお客様がいるというのも大切な事実です。

つまり、「十分に商売になる」のです。ブランド力が高まり、惹きつける力が強くなっているため、店舗の立地に関係なくお客様が訪れるようになります。

最初は多少立地が不利な場所にオープンしたとしても、地元で人気が出れば成功はできます。自分の味に自信があり、「ここでも人は来てくれる」と思えればこそできる出店方法かもしれませんが、自信があるのなら、最初から表参道や青山といった一等地である必要はないのです。

1号店以外にも、創業以来地元一筋で人気を博すケーキ屋さんはあなたの街にもあるかもしれません。地元に愛された結果、ブランドが羽ばたき世界展開することになったり、あるいは遠く各地からお客様が来てくれることにもなるのです。

◆立地ではなく、人で選ばれる業態がある

コンビニよりも店舗数が多い業態があります。それは、歯医者と美容院です。コンビニは全国に約5万5000店（2016年10月、主要8社、国内）、対して歯医者は約6万9000店舗（2014年）、美容院はなんと23万7500店舗以上（2015年）もあります。コンビニより歯医者が多いというのは冗談ではなく、正真正銘の事実なのです。

また、美容院の店舗数には誰もが驚かれたのではないでしょうか。特に都内では、隣り

合うビルにあったり、道を挟んで向かいあったり、ショッピングビルに複数の美容院が入っているのも見かけます。それこそ、「三歩歩けば」状態の街や道もあります。

ひとつの街だけでこんなにたくさん美容院があって、それぞれ儲かっているのでしょうか？　美容院の多くが個人店ですが、本当にやっていけるのでしょうか？

私自身が疑問に思っていたので、美容院を経営している方たちに話を聞きました。意外にも、我々の会社の事業内容を説明して「店舗開発について話を聞かせてもらえませんか？」とお願いすると、快く話してくれる場合がほとんどです。

美容院の方の話では、美容師１人あたり30人程度の固定客がついていれば、何とかお店を回していくことができるそうです。１日１人ずつでもお客様が来れば１カ月もちます。女性のお客様は単価が１万～１万５０００円と高めなので、女性の固定客をしっかりとつかむことがポイントだそうです。

そんなに少ない客数で食べていけるのかと思うかもしれませんが、意外とこうした業態は、私たちが思っているよりも少ない客数でもやっていけるものなのです。

美容師になるためには、美容学校で学んだ後に、アシスタントとしてどこかの美容院に就職し、そこで技術を磨き、数年かけて自分が担当のお客様を増やしていきます。一定の固定客をしっかりつかむことができたら、自分のお店を持つことが目標のため、最終的には多くの美容師が独立して美容院を始めます。そのため、個人経営の美容院が数多くある、そしてさらに増加傾向にあるのです。

たとえば、いつもお願いしていた美容師さんに、「来月から独立して隣町にお店を出します」といわれたら、あなたはどうしますか？

隣町まで通うのが面倒な人もいるでしょうが、「どうしてもこの美容師さんがいい」という人も、特に女性は多いものです。そういう人は、担当の美容師さんについて行くように、隣町の新しい美容院へ通うようになります。

美容院はサービス業ですから、ただ商品を販売する物売り業とは異なります。サービス業は、商品にお客様がつくのではなく、「人にお客様がつく」業態です。そのため目的性が高く、場所がどこにあるかよりも、重要なのは「誰がいるか」なので、「その人がいるお店に行きたい」となるのです。

そういうお客様がある程度の人数いるならば、独立は可能になります。人対人の関係性で成り立つ商売のため、立地は問わない。近くに同業の店舗がたくさんあっても、固定客がしっかりつかめていれば恐れることはない。美容院は、立地よりも人で選ばれる業態の典型といえます。

◆美容院を出すならこんな立地に

では、美容院に関連する質問です。もしあなたが「独立して美容院を出したい」と思ったとき、どこに出店しようと考えますか？

美容院と聞いてパッと思いつく地名としては、有名人が通うようなオシャレなサロンが軒を連ねる青山や表参道などがあると思います。イメージ先行で考えると、そういった都心の一等地を思い浮かべがちです。

ですが、そんな場所に出店してやっていけるでしょうか？　それなりに感度の高い人たちを相手にすることになりますし、それこそ有名店のカリスマ美容師などが競争相手になってくるわけです。そういうところで勝負をして勝てる自信がありますか？

将来的に自分がどうなりたいか、しっかりビジョンを持って、出店は考えるべきです。夫婦で、地元のお客様に愛されるこぢんまりとした美容院をつくりたいのか。確かな技術を身につけ、地方都市一帯のエリアに複数店をオープンさせたいのか。今の自分のお客様を大事にしたいので、そのお客様たちが利用しやすいところでやっていくのか。

会社組織としてチェーン展開するような規模にしたいと思うなら、美容院の一等地で勝負をかけてもいいかもしれません。そういう場所で勝てないようでは、きっと規模を大きくしていくことも難しいでしょう。

技術に自信があれば、あえて地方に出店する手もあります。都会では普通の技術かもしれませんが、地方に行けば「すごい」となる可能性があります。これは今、地方だけでなくアジアを中心とする海外にもいえるでしょう。美容院がたくさんある場所では埋もれてしまっても、数の少ない場所にオープンすれば輝けるかもしれません。

もし、「憧れの青山で美容師になりたい！」というだけならば、独立せずに青山にある美容院に就職するという方法もあるでしょう。それならば、そもそも独立する必要があるのかも考えたいところです。

漠然と、「独立して美容院を出したい」と思うだけでは、その先の選択肢はいくつもあることになります。自分がどうしたいのか、どうなりたいのか、まずはそのビジョンを明確に、具体的にするところから始めましょう。立地場所を考えるのは、それからです。

自分が相手にしたいお客様はどこにいるのか、それによって立地場所はまったく変わってくるのです。

◆すいているのに潰れない店の謎

「こんなに人が入っていないのに、どうして潰れないんだろう？」と、疑問を抱くようなお店を、誰もが1店舗は知っているのではないでしょうか？

私も以前、疑問に思って聞いてみたことがあります。10年以上前のことですが、麻布十番で有名なたい焼き屋のご主人に、「たい焼きって、そんなに儲かるの？」と、ふと聞いてみたのです。学生時代に麻布十番のバーでアルバイトをしていたことがあり、そのときからご主人とは顔見知りで、店先で話すことがありました。

ご主人の答えは、「たい焼きなんか儲からねえよ、不動産いっぱい持ってんだ」

驚きと同時に、とても納得がいきました。ご主人は麻布十番の土地持ちだったのです。もちろん、たい焼き屋も大変人気だったので儲かってはいたと思います。ですが、単価の安いたい焼きだけでやっていけるのか疑問でした。不動産を持っているならば、他のところからも収入がしっかりあったということ。これで疑問は解消です。

昔から営業しているけれどいつもガラガラの飲食店などは、どうやって経営が成り立っているのか不思議に思って当然です。常連客がいるかもしれませんが、そもそもあまり人がお店に入っている様子がなければなおさら「なぜ?」と思うでしょう。

そういった店舗は、たい焼き屋のご主人のように、周辺の土地の地主で、いくつか土地を持っているその一角でお店を開いていることが考えられます。周辺の住宅地を歩くと、その経営者の苗字の表札がかかった立派な家があったりします。同じ苗字が使われているマンションなども見つかるかもしれません。

あるいは、自分の家の建物の一角で店舗運営していることもあり得ます。1階で飲食店を開き、2階にその家族が住むといったかたちです。

こうした場合は、賃料が発生しません。賃料がないというのは、その支払い分を稼ぐ必要がなくなるわけですから、店舗経営においてはとても大きいです。

一度契約してしまったら安くできるものではないので、営業がうまくいかずに儲からなかったとしても、その場所を借りている限り賃料は払わなければなりません。節約できるものでもないですから、賃料を払えなくなったら閉店せざるを得なくなりますが、そのリスクがないので少ない儲けでも営業することが可能です。こうして、「ガラガラなのにずっと営業している謎の店」がそこに存在し続けることになるのです。

◆立地戦略にこだわらない業態、この極意に学べ！
・コインパーキングの立地が不便に感じるのにも、ワケがある。
・人は多いほうがいい。しかし、自店と相性のいい顧客誘導施設の見極めは必須。
・自分の商売が「立地で勝負が決まる」のか、「人で勝負が決まる」のかの視点も大切。
——立地戦略は、ビジネスモデルを活かしてこそ価値が最大化する。

第5章：地域・街・駅、立地戦略に必要な鳥の目・虫の目

立地の性格は重層的に解読せよ

立地戦略において、欠かせないのが「鳥の目・虫の目」の視点だ。日本地図を眺めてみれば、都道府県があり、無数の市や街があり、さらにその中に、立地を考えるうえで重要な役割を果たす「あるもの」が走っている。そう、鉄道とその駅だ。

街には街ごとの、路線には路線ごとのカラーがあるが、加えて、駅ごとの個性もしっかり存在する。「あの街はこうだよね」「あの路線はああだよね」と日常会話では成り立つが、立地戦略を考えるのならば、「鳥の目」で街や路線のカラーを把握したうえで、「虫の目」でそれぞれの駅ごとの特性をつかまなくてはならない。

また「駅前」というとそれだけで好立地のように感じる人もいるが、駅に注目して立地戦略を見てみると「イメージと現実の差」がよくわかる。立地戦略では、その場所のイメージが一役買うこともあるが、過信すれば失敗するのだ。

そこで本章では、この「イメージ」の活用方法と落とし穴について理解していただくため、立地戦略にまつわる街や駅の性格について解説していく。普段利用するあちこちの駅を思い浮かべながら読んでいただきたい。

◆東京のセオリーは地方では通用しない

まずは大枠、地域ごとの特性から見ていきます。最も気をつけなければならないのは、自分が拠点とする地域の常識が、他の地域で通用するとは限らない、ということです。中でも特別特異なことを意識しなくてはならないのは、やはり東京でしょう。

東京で立ち上げた店が軌道に乗り、「次は地方へ進出するぞ！」と意気込む経営者は数多くいます。ところが、この発想が大きな落とし穴。勢い任せに進出してもなかなかうまくいきません。それは、東京という都市がかなり特殊な街であり、東京で成功したセオリーに則っても、地域が変われば成功する可能性が低いからです。

東京としばしば比較されるのが、人口の多い大阪です。人口量や経済活動のされ方、お金の落とされ方といったことは、東京と大阪に近いところはあると思いますが、実は東京というのは、千葉、埼玉、神奈川の隣接する三県からたくさんの人が入ってくる、その量が非常に多いことも特徴です。この一都三県が、いわゆる東京圏です。

三県から入ってくる人の多くが、交通手段として電車を利用しています。それを表しているのが、全国の主要駅乗降者数ランキングです（図12）。トップ10では、なんと３位の

図12　全国駅別乗降者数ランキング

JR・私鉄主要駅の1日の乗降者数

no,	駅名	乗降者数（人）	種別	都道府県
1	新宿駅	1,485,666	JR線	東京都
2	池袋駅	1,101,512	JR線	東京都
3	大阪駅	827,228	JR線	大阪府
4	渋谷駅	824,018	JR線	東京都
5	東京駅	804,554	JR線	東京都
6	横浜駅	801,310	JR線	神奈川県
7	新宿駅	714,949	京王線	東京都
8	品川駅	659,358	JR線	東京都
9	渋谷駅	656,867	東急線（田園）	東京都
10	渋谷駅	612,821	東京メトロ	東京都
11	梅田駅	522,790	阪急線	大阪府
12	新橋駅	501,364	JR線	東京都
13	池袋駅	483,952	東京メトロ	東京都
14	大宮駅	480,286	JR線	埼玉県
15	新宿駅	474,552	小田急線	東京都
16	池袋駅	472,022	西武線	東京都
17	秋葉原駅	468,374	JR線	東京都
18	池袋駅	464,908	東武線	東京都
19	渋谷駅	435,994	東急線（東横）	東京都
20	綾瀬駅	435,540	東京メトロ	東京都
21	北千住駅	425,309	東武線	東京都
22	横浜駅	421,165	相模原線	神奈川県
23	梅田駅	415,769	大阪市営地下鉄	大阪府
24	高田馬場駅	403,530	JR線	東京都
25	北千住駅	397,248	JR線	東京都
26	名古屋駅	378,000	JR線	愛知県
27	川崎駅	376,386	JR線	神奈川県
28	京都駅	371,966	JR線	京都府
29	上野駅	367,222	JR線	東京都
30	渋谷駅	344,972	京王線	東京都

大阪駅以外はすべて東京&神奈川の駅です。

いかに関東近郊の人が電車を使っているかがおわかりいただけると思います。対して、大阪は第二の都市のわりには電車が使われていないことがわかります。

なぜ、大阪は大都市にもかかわらず電車が使われていないのか。答えは、電車を使わなくても通勤できるところに住んでいる人が多いから、です。

それをわかりやすく示しているのが、昼間人口と夜間人口の差です。東京は昼間人口が多く、夜間人口は少なくなります（図13参照）。逆に、千葉、埼玉、神奈川の三県は昼間人口が少なく、夜間人口は多くなります。

一方で、同じことを大阪でやってみると、梅田駅周辺のわずかな場所以外は、昼間と夜間でほとんど色に違いが出ません。つまり、昼間人口も夜間人口もあまり変わらないということです。それを見てもわかるように、大阪は働いている場所と住んでいる場所が近い、「職住接近」の地域だとわかります。

だから、通勤には徒歩や自転車を使っている人が多いのです。特に自転車文化は発達していて、大阪へ行くと街中を走る数多くの自転車を目にします。

梅田駅周辺はオフィスもかなり多くありますが、大阪は中小の工場が多い地域です。そ

図13　東京の昼間人口と夜間人口

昼間人口

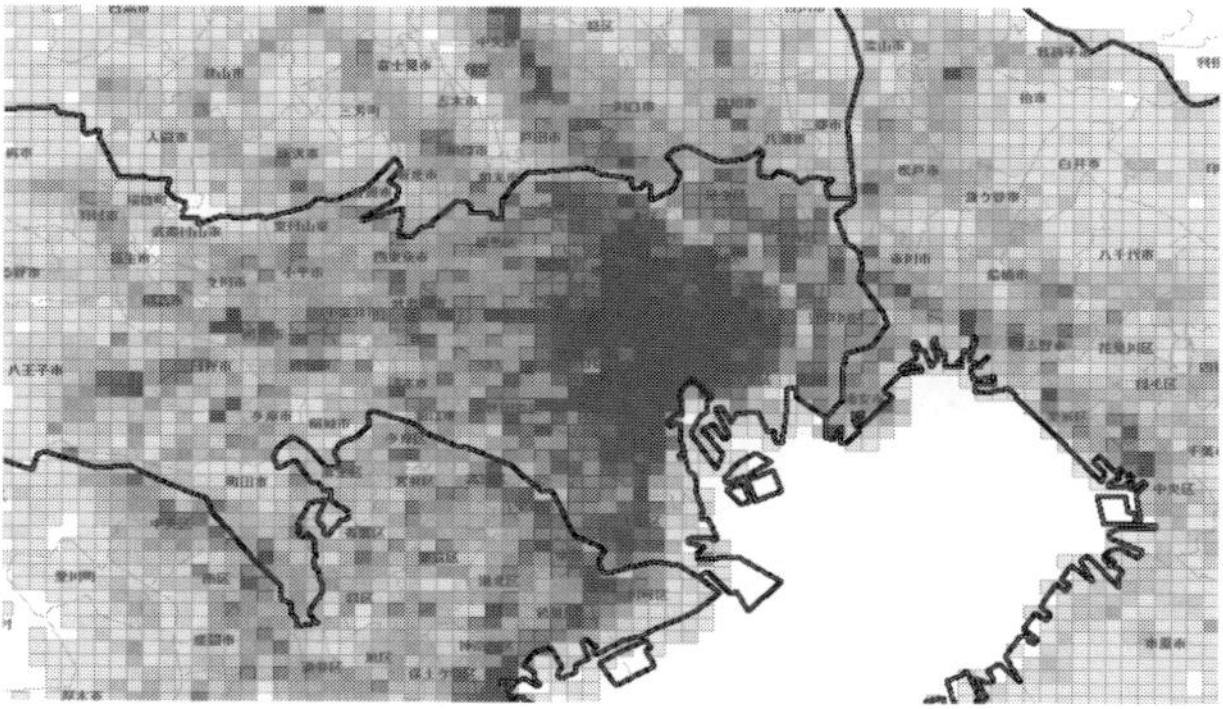

夜間人口

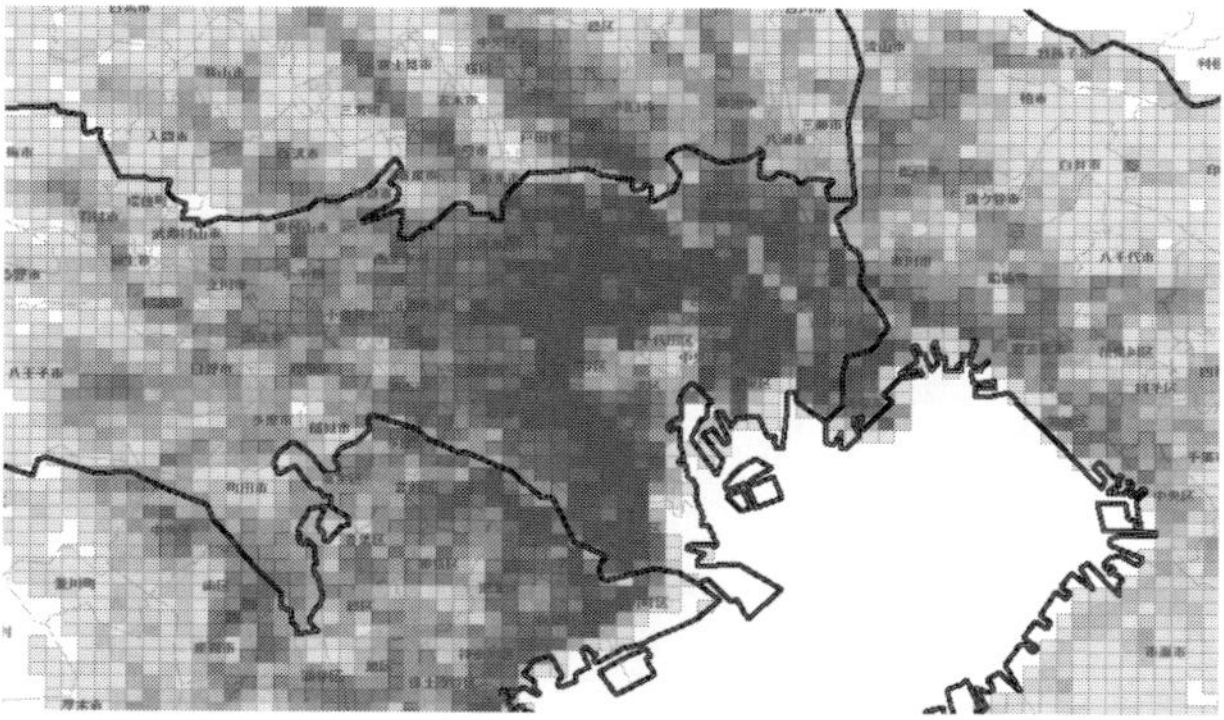

0以上～　1000未満
1000以上～　2000未満
2000以上～　3000未満
3000以上～　4000未満
4000以上～　5000未満
5000以上～　6000未満
6000以上～　7000未満
7000以上～　8000未満
8000以上～　9000未満
9000以上～10000未満
10000以上～11000未満
11000以上～12000未満
12000以上～13000未満
13000以上～14000未満
14000以上～15000未満
15000以上～16000未満
16000以上～17000未満
17000以上～18000未満
18000以上～19000未満
19000以上～

※国際航業株式会社「アースファインダー」を利用して作図したものを元に作成。

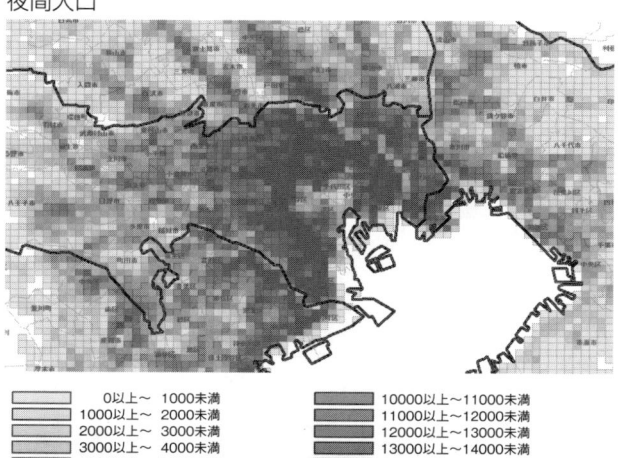

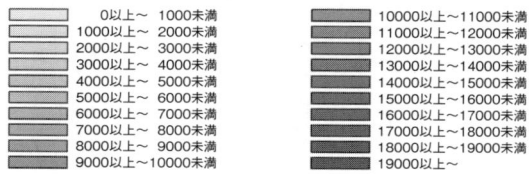

のため、工場のすぐ近くに住んでいて徒歩や自転車で通うというのが珍しくありません。もちろん、京都や滋賀などの他県から通勤している人もいますが、都内に通勤する三県からの流入人口の極端な多さとは比較にならないでしょう。

東京と大阪でも街の特徴がこれだけ違います。「駅」の重要性という意味では東京が最大で、その他の地方都市ではそこまではありません。仙台や広島、博多といった大きな駅も、東京の主要な駅と乗降者数を比べれば、それこそ「比ではない」のです。東京だけが特殊な街といえますから、一概に参考にしないほうがいいでしょう。

東京はとにかく駅を中心としていますが、地方は決して駅が中心ではありません。もちろん「地方に行けば駅は無意味」ということではありませんが、都内の駅近くに出店して成功したからといって、地方の駅近くに出しても成功するとは限らないのです。

実際、東京から地方進出に失敗する事例は少なくありません。地方で成功するためには、駅に近ければそれでいいという発想を捨てる必要があります。

もちろん逆もしかりで、地方から東京に進出する際には、「巨大な人口を抱える駅中心の東京圏」ということを把握してかからなくてはなりません。駅についての話は、この章の後半で解説していきます。

◆**地方は人口集中地区に出店せよ**

では、地方では何に注目すればいいのか。それが、人口集中地区です。1キロ平方メートルに4000人以上が住んでいるところを、「人口集中地区」と国が定めています。要するに人が多く住んでいる場所を指すのですが、この地区に注目してほしいのです。

東京都を見てみると、23区はほとんどが人口集中地区になっています。お近くの埼玉県がどうなっているか見てみましょう。人口集中地区を見るために便利なのが、国土交通省のサイト（http://nlftp.mlit.go.jp/ksj/gml/datalist/KsjTmplt-A16.html）です。

図14を見るとおわかりのように、埼玉県は非常にシンプル、わかりやすい構造です。国道の122号、川越街道＋東武東上線、西武池袋線、そして17号線＋京浜東北線、これら4本のラインに沿ったところに色が付いています。他の地域には色がありません。

つまり、この4本のラインに沿ったところにばかり人がたくさん住んでいるというのがわかります。街でいうと、川越市、さいたま市、川口市といったところでしょうか。

しかもこのラインに沿って、南に行けば行くほど人口の集中度が高くなっています。埼

図14　埼玉県の人口集中地区

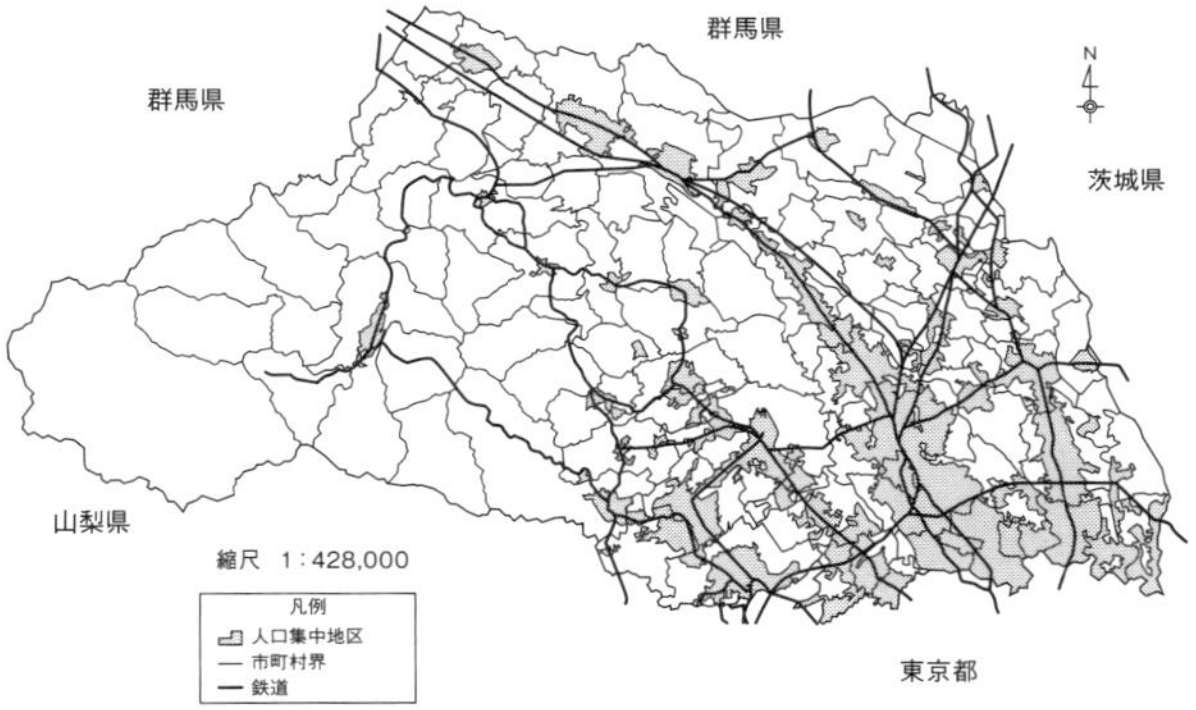

出典）国土交通省サイトを元に作成

玉県の南ということは、東京です。ということは、埼玉県に住んでいる多くの人が「4本のラインに沿った東京寄り」に住んでいることがわかりますね。埼玉県に出店する場合は、このラインに沿って出店すべきということがおわかりいただけると思います。

とてもわかりやすいので埼玉県を例に挙げましたが、他の地域でもこの人口集中地区はあてになります。地方への出店を考える場合は、県の人口というだけでなく、人口集中地区を調べてみてほしいと思います。

都心のように「駅」といったわかりやすいポイントがない場合も、国道などがポイントになっていることもあります。その地方ならではの、人が多く住む場所の特性を見分けるためのヒントとなるでしょう。

◆同じ大都市でもこんなに違う

もう少し、各地の街の特徴について解説しましょう。

先述の通り、東京と大阪では、人が集まるポイントが異なります。東京は第一に駅だと書きました。乗降者数の多さからもわかる通り、とにかく毎日大勢の人が電車を利用していますから、基本として、駅を押さえることは重要です。

駅の人を100%としますと、そこから三々五々散っていくことになります。すると、駅前から続く通りでも人の集中が60%の通りもあれば30%の通りもあり、駅から離れるにつれて数値は下がっていきます。昼夜や曜日など、時間によってこのパーセンテージが変わることもあるでしょう（図15参照）。

このように、駅を起点に、いかに人の集中の多いポイントを押さえればいいか、自分の業態に合った通りはどこかというのが、比較的わかりやすいのが東京です。

しかし、大阪は電車の利用がそこまで多くありませんから、駅を起点にしても東京ほど大きな効果がないのです。では、大阪は何をポイントに、どこに出店するのがいいのか。

図15　駅からの人の分散

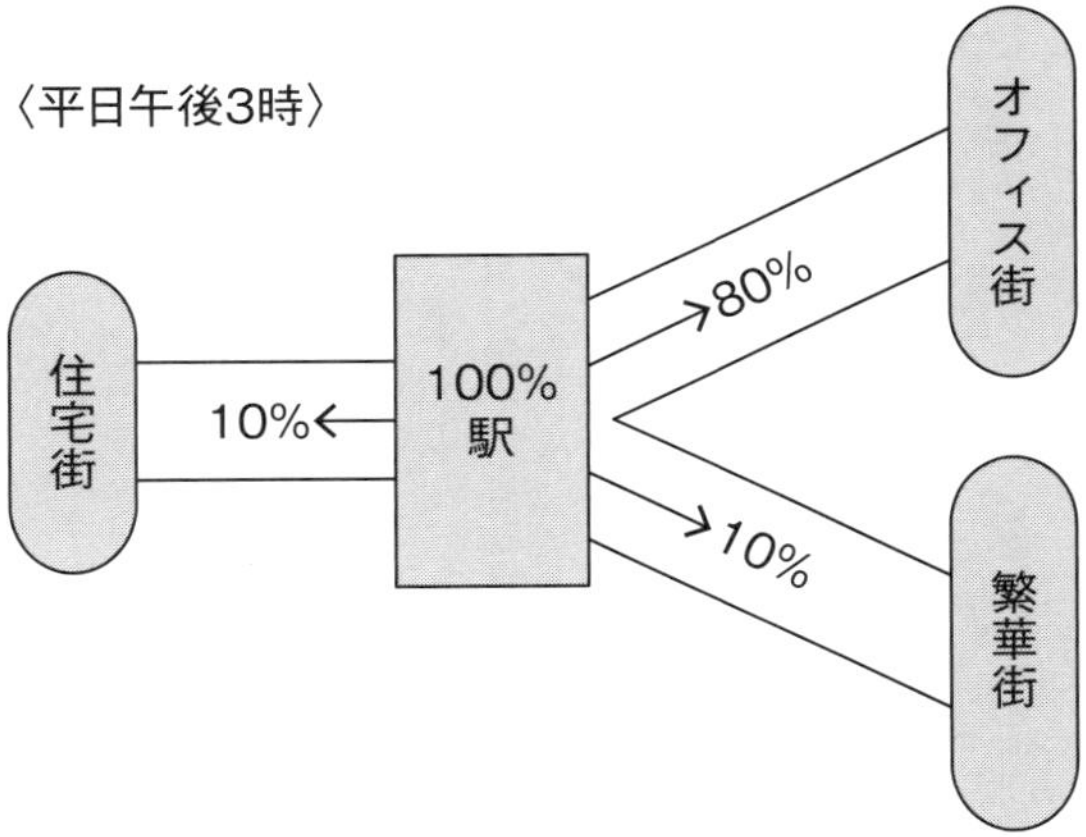

正直、私自身も難しい、まだつかみきれていないと感じています。駅を経由してお店に入るというよりも、家から直接お店へ、といったルートをとる人が多く、こうなると単純に「人それぞれ」ということになってしまいます。

大阪を探るべく、何度も大阪を訪れたことがありますが、いまだにその街の動きをつかみきれていない印象です。前述の「職住接近」や、自転車の利用者が多い（私の個人的印象です）ことも関係していると思います。

この現象は、京都の場合も当てはまります。京都の市街地の地図を見ていただくとわかりますが、縦と横に非常にキレイに線が入っていてマス目のようになっていますよね。京都は碁盤の目のように道が走っているのです。この「碁盤の目」がクセモノです。

みなさんは目的地へ行くときに、できるだけ近い道を行きたいと思いませんか？　この「近道を行きたい」という意識が人を集めることになり、近道とされるところに人が集中します。ところが、碁盤の目であれば、どう行っても同じような距離になります。目的のお店へ右から行っても左から行っても距離はほとんど変わらない。すると、人の動線は分散してしまうわけです。

道が碁盤の目になっていないからこそ、近道を求める意識によって人が集中する場所が生まれます。京都のように碁盤の目になってしまっていると、立地を見極めるのが難しいのには、こんな理由もあるのです。

このように、街の特徴がどうなっているかによって、立地を考える視点が変わります。

道路が特殊な形の京都は、バスが発達している点もポイントです。観光地は比較的バスが発達しやすく、博多などもバスの街です。そういう点では、バス停がどういったところにあるかがひとつ、立地を考える際に押さえるべきポイントになるでしょう。

さらに特徴的なのが名古屋です。東京は電車、大阪は自転車とお伝えしていますが、愛知県はトヨタのお膝元ということもあり、名古屋は車がメインの街です。

コンビニエンスストアで比較したときに、東京であれば当然のことながら徒歩で来るような場所のため駐車場がいらないような立地の店舗でも、名古屋の場合は駐車場がないとダメなのです。もしくは、路上駐車ができるようなところでなければいけません。

このため、駅の近くであっても、名古屋は駐車場を設けている店舗が非常に多いです。立地を考える際には駐車しやすい駐車場スペースの確保は必須となりますし、ロードサイドの立地になるため交通量を調べることも重要でしょう（詳しくは第６章）。

「人口の多い大都市」どうしを比較しても、これだけ違いがあります。その街がどういう街なのか理解するためには、人口量だけでは到底足りず、その街の主要産業や人々のライフスタイルまで知る必要があることが、おわかりいただけると思います。

◆「乗降者数５万人」が分岐点

鳥の目で街の特徴を見た後は、虫の目で駅を見ていきましょう。先ほども書いた通り、「地方に行けば駅は無意味」ではありません。東京での異常なまでの利用者数と比べれば重要性は落ちますが、それでも、駅があるというだけで人の流れができます。駅の捉え方を知って損はありません。

立地戦略の視点で駅を判断する際、最もわかりやすい基準が駅の「乗降者数」です。

大手チェーン店がその駅前に出店するか否かを検討する際のひとつの分岐点は、乗降者数5万人以上の駅、もうひとつが10万人以上の駅です。

各駅停車が止まるような駅は、だいたいが5〜7万人で、10万人未満の駅。対して、たとえば新宿駅であれば、JRだけで乗降者数は150万人にものぼります。私鉄、地下鉄もすべて合わせると、1日に300万人が乗り降りしているといいます。これは全国1位の人数であり、なんと世界の駅でも1位の人数だそうです。新宿駅の広さと複雑さ、そして行き交う人の多さを想像していただければ納得できますね。

では、乗降者数300万人の駅前に出店するのと、乗降者数5万人の駅前に出店するのでは、どちらがいいと思いますか?

普通に考えれば、人の多い新宿駅でしょう。でも、300万人の駅には、同じようなことを考えて出店してくる人がたくさんいますから、競合店も増える——。5万人を一手に吸収できる1店舗と、300万人が乗り降りするけれど競合が10店舗ある場合では、どちらがいいでしょうか?

一見、独り占めできるので5万人のほうがいいように感じます。ですが、それでも新宿駅のほうがいいというのが出店戦略の考え方です。単純に、３００万人を10店舗で割ると30万人です。競合しつつも30万人が見込めると踏んで、そちらに出店しようと大手チェーンは考えるわけです。

大手チェーンは、５万人以下の駅ではあまり儲からないと判断して、出店を避ける傾向があります。自分の住んでいる駅では、他の駅でよく見かけるような大手のチェーン店があまりないと感じたら、その駅は乗降者数が5万人以下であることが予想されます。吉野家など、フランチャイズを積極的に行っているチェーンならば、多少乗降者数が少なくても店舗を出店していることがありますが、直営店の場合は難しいでしょう。

ただ、乗降者数5万人でも2万人でも、駅前は賃料が高いですから、駅から離れて狭い商圏で売上が上がるかどうかを注視するべきでしょう。

また、東京が特別な環境であることも忘れてはいけません。これだけ駅に人が集まる都市は他にないからです。駅の乗降者数だけでなく、沿線ごとの性格にも注目しましょう。たとえば中央線は、１人、２人暮らし世帯がとても多い路線です。そのような沿線ではどんな店が合うかといった視点からも考えてみてほしいと思います。

◆地下鉄の出口新設で売上が激変？

都心の交通を支える地下鉄は、今ではなくてはならない存在です。さまざまな線が入り組んだ東京メトロも、近年それぞれの駅に新しい出口をどんどん増やしています。目的地に近い出口が増えることは、利用者としてはとても便利でありがたいことです。

しかし、地下鉄駅の周辺の店舗にとってみては、実はこの出口が死活問題だったりします。どこに出口ができるかによって、店の売上に多大な影響を受けることがあるのです。

図16をご覧ください。地下鉄の駅はたいてい道路の下にあります。建物の真下というよりは、道路の真下です。今、A～Dの４カ所の出口があります。基本的な地下鉄の出口の位置は、このような４カ所です。

このとき、ユーザー視点で考えれば、多くの人が、４カ所の出口から地上へ出たあと、それぞれ矢印の方向へ進んでいくのではないでしょうか。行き先に最も近い出口から出るのが普通とすれば、四方へ向かって進んでいくことになります。

となると、何が予想されますか？　そう、商売をするのに不利であろう立地がありますね。AとBの間、CとDの間、図でいう斜線の部分。つまり、出口と出口の間です。

図16　地下鉄出口

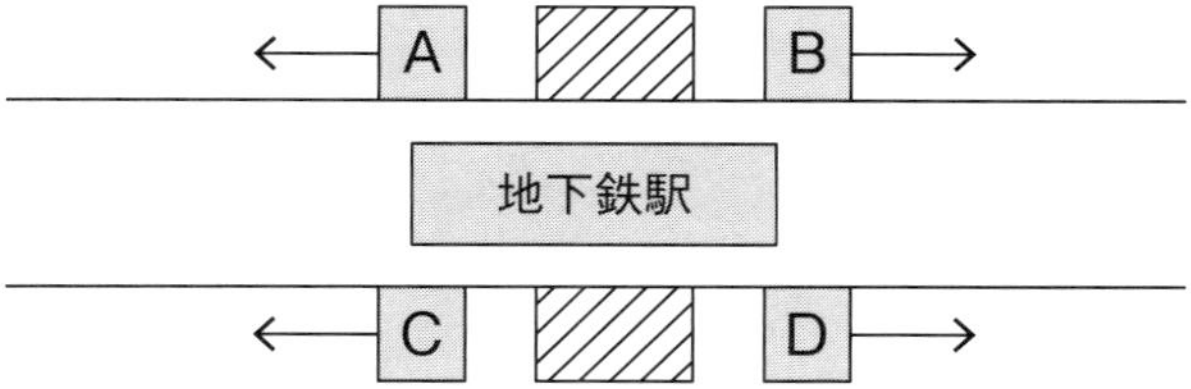

もちろん、Ａから出てＢの方向へ向かう人も、Ｂから出たあとＡの方向へ向かう人もいないわけではありませんが、限られていると思います。出口と出口の間の立地は、注意したいポイントです。

実際に、こんな事例がありました（図17参照）。

プロ野球チーム・東京ヤクルトスワローズの本拠地となっている明治神宮球場。野球観戦に訪れたことがある方も多いと思います。この球場に最も近い駅が、地下鉄東京メトロ銀座線の外苑前駅です。明治神宮球場に最寄りの３番出口を出てスタジアム通りをまっすぐ行けば、右手に球場が見えてきます。

この３番出口、実は以前はなかったものです。最初からあった出口は２番出口でした。この２番出口と３番出口の間にあるのが、ハンバーガーショップです。

２番出口しかなかった頃、出口を出た人の多くがこのハンバーガーショップの前を通り、立ち寄っていたそうです。ところ

図17　出口新設による変化

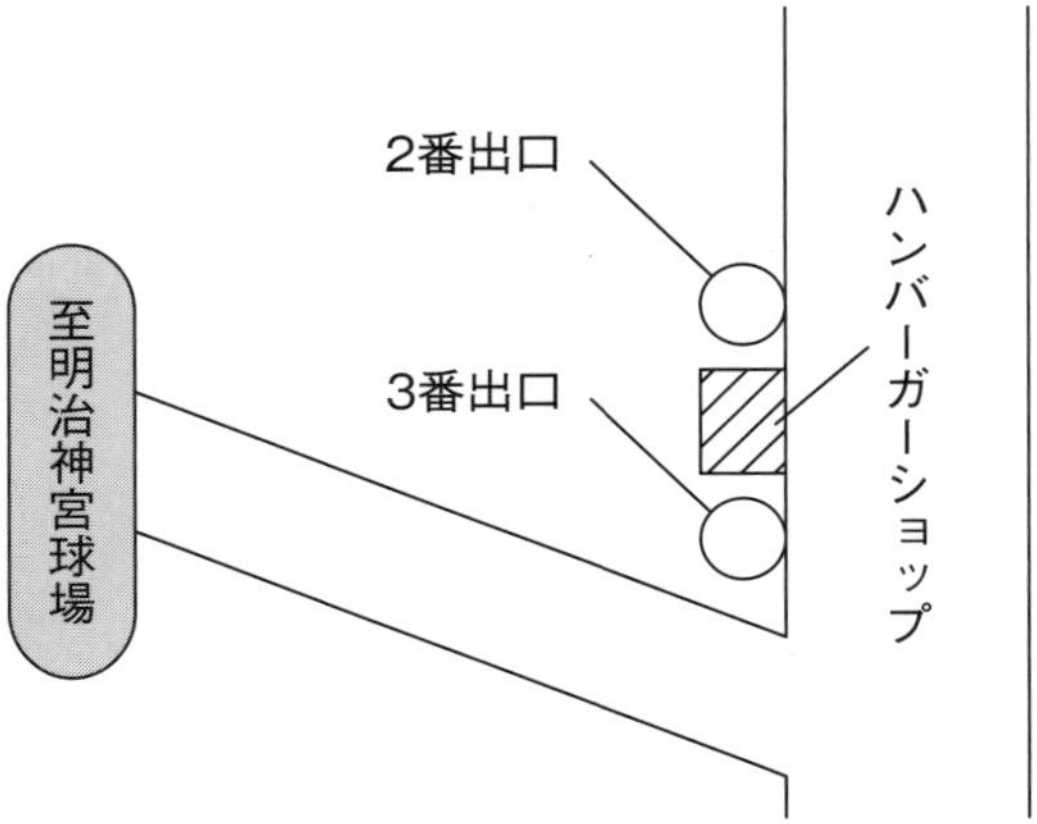

が、2番出口よりも球場に近い場所に3番出口ができると、ハンバーガーショップの売上はガクンと落ちてしまったというのです。

多くの人が、目的地により近い出口から出ようと考えます。3番出口はスタジアム通りに向かって地上に出ることになるので、ハンバーガーショップは振り向かなければわからない位置となってしまいました。大きな集客力をもつ明治神宮球場目当てのお客様を逃してしまったことで、このハンバーガーショップの売上は下がってしまったのです。

このように、あとからそういった出口ができてしまっては、自分たちではどうにもできない面があります。しかし、最初からわざわざ人の目が行きにくい場所、人の流れとは反対方向の場所へ出店する必要はないですよね。特にコンビニやファストフード店などの目的性が低い業態は、立地を考える際に地下鉄の出口の位置や向きにも注意してもらいたいと思います。

◆スタジアム駅にはなぜコンビニがないのか？

埼玉スタジアムや味の素スタジアム、日産スタジアムといったサッカーの試合やライブイベントなどが行われる大きなスタジアムがある駅があります。そしてそれらのスタジアムはたいてい、最寄り駅から少し離れた位置にあります。

数万人を収容するスタジアムとなると、広大な敷地が必要です。それだけの土地を確保するために、多少郊外の、駅から離れた場所になるというわけです。

だいたいが、駅から徒歩10～15分程度といったところでしょうか。その間に、「飲み物を買っておこうかな」「中途半端な時間だから食べ物を軽く買っておこう」と思い、道すがらコンビニを探すことがあります。何万人も収容する大きなスタジアムです。それだけたくさんの人が同じ目的地に向かっているのですから、コンビニがいくつあってもおかしくないと考えるでしょう。

ところが、なかなかコンビニがない。ようやく見つけても、コンビニに寄ろうと思った人たちが大勢そのコンビニに詰めかけているため、店内は超満員です。レジにも行列ができていて、「これに並んでいたら間に合わない！」と、買い物を諦める人もいるでしょう。

「ここにコンビニを出したら、儲かるのでは……」と思いませんか？

でも実は、スタジアムへ行ったことがある方はわかるかもしれませんが、スタジアムの周りには意外と人が住んでいないのです。多少の住宅街はありますが、スタジアムの周りに田畑や更地が広がっていることも珍しくありません。最寄り駅も、規模が大きい駅というよりは、比較的こぢんまりした駅のことがよくあります。

そうなると、数多くのコンビニがあっても競合し合ってしまうことが予想されます。試合やイベントがあるときは大勢の人がやって来るからいいのですが、普段はそんなにお客様がいない、つまりニーズがないという状態が考えられます。

実際、味の素スタジアムの最寄り駅、京王線・飛田給駅近くのあるコンビニは、サッカーの試合やイベントがある日は売上が１００万円にもなるといいます。しかし、それ以外の日の売上は30万円ほどだと聞きました。差は70万円ですから、日によって売上に相当な波があります。

安定した営業をしたいと思えば、スタジアムの近くだからといって安易にコンビニを出店することはできないのもうなずけるでしょう。飲食店も同じです。イベントのない、通常の日の営業はなかなか苦しいものがあると考えられます。

その駅に大きな施設があるからといって、容易に売上が立つわけではないのです。これも、立地戦略を考えるときに気をつけるべきところです。

◆多店舗展開は同じ路線で行うべき

最初に出店したお店がヒットすると、その近隣の駅に出店することが珍しくありません。これは、物流効率の面からも正しい判断といえます。

１店舗で成功したからと、いきなり都心のど真ん中に打って出ようと考える人がいますが、これは危険です。１店舗の成功だけであとはとんとん拍子にうまくいくほど、都心は甘い場所ではありません。

まずはどこかの沿線の駅、特に人口量の多い駅に出店し、そこで成功をおさめます。ここから店舗数を増やしていこうとするときに、物流効率や人の問題を考えると、同じ沿線、できれば近い駅がおすすめです。

市場からその日の魚を仕入れて、それをメイン料理とするような鮮魚がウリの飲食店であれば、効率よく魚を運ぶには店舗どうしが近いほうが便利ですよね。近ければアルバイトの人にもう1店舗をヘルプで手伝ってもらうこともできるでしょう。協力体制が敷きやすいという意味で、飲食店はドミナント方式を採り入れていくべきだと私は考えます。

また、ある駅で人気が出て知名度が上がると、「今度は隣駅にあのお店の2号店ができるらしいよ」と話題になります。「前から気になっていたけど、自分の利用する駅にも店舗ができるなら、ぜひ行ってみよう」となります。

リピーターを除く新規客の気持ちになって考えると、近隣駅に美味しいお店があると聞いていても、そのためにわざわざ隣駅まで行く人は、そう多くないと思います。「気にはなるけど、機会があれば」程度に考えて、なかなか行くタイミングがない。現実は、そんな具合だと思います。

しかし、話題のお店が自分の利用する駅にもできるとなれば、噂にもなりますし、地元の人たちの間で口コミでも広がります。駅どうしの距離が電車に乗って1~3分ぐらいのかなり近いようなところでは、そういった噂や情報は広がりやすいですし、足を運びやすくもあります。エリアとしての認知度が高いというのは、とても重要なことなのです。

最初から多店舗展開をしたいと考えているのであれば、そうやって効率のいい展開がしやすそうな路線を選び、駅ごとに店舗をつくっていくのもひとつの手です。実際、ある路線に住んでいる人たちに人気のお店というのはあります。その路線に住んでいる人は知っている、というようなお店です。ひとつの路線で複数店舗を経営し、成功をおさめれば、いよいよ都心の大きな駅前に出店する勝負をかけてもいいかもしれません。

この路線に沿って出店する方法は、規模の大きいチェーン店でも行われています。たとえば、中華料理の「日高屋」は、京浜東北線に沿って出店を続け、20年かけてその地位を盤石なものとし、それからようやく都心に店舗を構えるようになったそうです。見事な戦略です。

1店ずつ確実にお客様を獲得し、人気を得ていくことこそが、成功への近道ではないでしょうか。「店長、このお店、隣の駅にもつくってよ」「この沿線なら○×駅にもほしいな」、そんなお客様の声やリクエストに耳を傾けながら、次の出店候補地を絞っていきたいものです。

◆地域、街、駅の立地戦略、この極意に学べ！

・地域や都市によって、暮らしてみなければわからないような差が多々ある。自分の県で成功した戦略が他県で通用しない可能性は大。

・土地についてはイメージが先行しがちだが、「ほんとのところ」を知るためには、土地勘があってもなくても、データと一次情報のつきあわせが必須である。

・「駅前に空きが出た！」というぬか喜びは禁物。たったひとつの出口の新設で運命が変わり得る。

——地域の特性や勝手なイメージを「常識」と思い込んではいけない。

第6章：これだけは押さえたい、立地にまつわる実践知識

すべての店舗に共通する黄金ルール集

これまで各章で、さまざまな業種・業態の立地戦略について述べてきた。本章ではそのまとめとして、これから出店したいと考えている方向けに、出店戦略を考えるうえでの実践知識を総ざらいする。

チェーン店の店舗開発でも役立つ話ではあるが、特に個人店を出したい方、経営している店舗の数を増やしたい方が読まれて参考になる内容になっている。当然、ここまで読んで立地そのものを面白いと思ってくださった方にもおすすめする。

チェーン店の場合は店舗開発専門の部署もあり、詳しい担当者がその役を担っているが、個人の場合はすべてを一人で考えなければならない。一世一代の決心をされて「お店を出そう!」と思われるのだから、絶対に失敗したくないはずだ。

それでも現実には、毎年数多くの新店が生まれる一方で、同じくらいの数の店が閉店に追い込まれている。少しでも長く営業し、成功をおさめていただくためにも、本章を読んであなたの店にとってベストの出店先を考える助けとしていただければ幸いである。

数字やデータは強い味方

◆港区と足立区、どちらに出店したほうが儲かる？

立地にまつわるコンサルタントをしていてよく受ける相談に、「東京23区内に出店するなら、港区がいいですよね？」というものがあります。なぜ港区なのか。

それは、年収ランキングによるところが大きいようです。

都内の23区に住んでいる人の平均年収ランキング（ＺＵＵオンライン、２０１３年度の各区の課税対象所得を納税義務者数で割って計算）を見てみると、港区は平均年収９０２万円でランキングでは当然トップ、圧倒的に高い数字です。これを見て、勘違いをする人がいるのです。港区に住んでいる多くの人が、年収９００万円近いのだと。

港区には、高層マンションが建ち並ぶ地区もあり、年収が高い人が多いというのは確かかもしれません。しかし、現状は超高額年収を得ている一部の経営者や芸能人などの人たちが、平均値を上げていると考えるのが自然でしょう。それこそ数千万円、数億円といった年収の人が住んでいる可能性が高く、そういった人たちが平均を引き上げているのです。

しかし、多くの人たちの年収は、400万円や500万円だったりと、他の区とさほど変わらないはずです。一部のエグゼクティブな人たちを含めたうえでの平均900万円だと、認識することが必要です。

多くの人の年収に大差がないとなると、どこの区に出店すればいいのか？ 答えは簡単です。「母数の多いところ」、つまり、人口量の多いところに出店すればいいのです。

港区の人口は約24万人で、23区内で17番目です。最も多い世田谷区の人口は約89万人と、港区の4倍近くもの人が住んでいます。どちらに出店したほうが、より成功率が高まるか、明らかですよね。

一方で、飲食チェーンなどであまり人気がないのが、足立区です。「足立区にはあまり出店したくない」という声を何度も聞いたことがありますが、その理由はたいてい、「あまり高価なものを扱っても売れなさそうだから」でした。その根拠としては、先ほどの平均年収ランキングで、足立区は最下位の324万円だからです。

ところが、実際に足立区に出店すると、単価の高いものやサービスを扱う店でも、繁盛する店が多い。それは、足立区は人口が多いからにほかなりません。足立区は23区内で人口5位、約68万人です。飲食チェーンに人気のある港区の人口の２・８倍も多く、そもそもの母数が大きいわけですから、売上が多くなるのも納得できます。

年収だけで判断したら、足立区に出店は考えないかもしれません。ですが、平均年収300万円台の区は、23区のうちおよそ半分の12区にのぼります。足立区だけが突出して低いというわけではないのです。流行の最先端をいく高級レストランを出店するのなら、ブランディングからしても港区がいいでしょうが、自分がどのような店を目指しているのか、富裕層が住む場所でないと儲からない店なのか、よく考えてみるべきでしょう。

基本的には、目先の平均年収だけにとらわれて港区に出店するよりも、人口の多い足立区に出店したほうが儲かる可能性は高い。これは間違いありません。

出店時に重視すべきは、何よりもまず人口量です。いくら平均年収が高くても、もともとの人口が少なければ、来店する人数は限られます。業態による面もありますが、絶対的に人口の多いところに狙いを定めて出店先を考えていくべきなのです。単価の高いサービスやものを提供する経営者さんが気にされがちな「お金持ち」というのも、全国各地にいるものです。

◆正しい数字データを見る重要性

コンサルタントの仕事をしていると、クライアントさんから「エリアの規模が大きい」とか、「エリアのポテンシャルが大きい」という言葉を聞きます。ですが、「何が根拠になっているのですか?」と尋ねても、「このエリアは人口が多そうだから」といった曖昧な理由が多く、実際の数字に基づいたうえで発言している人は意外と多くないのです。

これではいけません。イメージ先行でもいいので、その後できちんと数字を押さえることをしてほしいと思います。

市場規模が大きい、マーケット規模が大きいといった表現は、既存店周辺に住んでいる人口量や、それらの世帯が使っている金額などに置き換えることができます。すなわち、漠然と大きい・小さいということではなく、正しい数字として表すことができるのです。

では、どんな数字を用いればよいのか。わかりやすいのが、みなさんもご存じの国勢調査のデータです。国勢調査の結果はインターネット等でも公表されていますので、どこに何万人が住んでいるのか、収入のどのくらいが何に使われているのか、国の調査に基づいた正しい数字を知ることができます。

国勢調査を活用するメリットは、全国一律にほぼ同時期に計ったデータが見られるという点です。一方、デメリットは、原稿執筆現在、私たちが見ることのできる最新のデータが２０１０年のものだということです。前回の調査が２０１５年で、そちらの結果は一部がようやく公表され始めたところです（２０１６年10月〜）。そういう意味では、数年のタイムラグは否めません。

それを踏まえたうえである程度慎重に見なければいけないものの、東京のように成熟したエリアというのは人口が急に増減したり、小売に使われる金額がガクンと落ちるようなことは考えにくいです。地方では人口減などが問題になっていますから、この5年、10年のスパンで地方都市が急激に過疎化したり、廃村するようなところが増えたりということはあるとは思います。ですが、統計データを大きく揺さぶるような増減はないと思いますので、変化の先読みも含めて活用していきましょう。

なお、弊社では詳細な数字データが得られる地理情報システム「ＧＩＳ」を使っています。緯度・経度に基づいてかけられた同じ大きさの網目＝地域メッシュをもとにつくられていて、出店したい物件から半径５００メートル等、範囲を指定すると、その範囲内の流入人口や居住人口、世帯数や使用金額、一次産業従事者の人数や性別までわかります。ただ、これは専門性が高い有料のシステムです。中小企業や個人での出店の場合には、国勢調査の他に自治体や役所のホームページ、住民基本台帳など、無料で集められる範囲の数字データで十分カバーできますので、人口量だけでも調べてみてください。

◆どんな大手も最後は「カチカチ」の結果で決断する⁉

データを活用して人口量を調べ、ある程度の出店先エリアを絞ったら、次にしていただきたいのが現地の視察・調査です。地図やデータを眺めているだけでは、その街の実態はつかめません。実際にそのエリアに足を運び、立地に適した場所を探します。

いくつかの物件に目星を付けたら、交通量・通行量を計測します。道路交通センサスによる交通量調査の結果データなどもありますが、これは主だった道路の結果しかありません。物件によっては細い道路や路地に面していることもあるので、手動式カウンターを使って、その物件の前をどのくらいの車が通過するのか、何人が通り過ぎるのか、実際に数えてみることをおすすめします。当たり前のようで、意外にやっていない方が多いです。

個人店を出す場合も、交通量・通行量の計測は行ったほうがいいでしょう。立地的には駅に近くて人が多く通ると思っていても、そうではない可能性があるからです。

銀座などはその典型で、メインとなる中央通りにはたくさんの人が行き交っていますが、たとえば銀座松屋の裏の通りに行くと一気に人が減ります。同じ銀座ですから賃料も大きくは変わらないでしょう。ですが通りが1本違うだけで、人の往来は大きく変わります。地名と立地だけで判断せずに、必ずその場を訪れて人の流れを調べてください。

大手のコンビニチェーンでは、17時間計測というのを行っています。30分計って30分休憩を繰り返して17時間、その場を通る人の人数を計り続けるのです。もちろん、平日と休日、どちらの場合も計ります。アルバイトに依頼することもありますが、開発部隊の人たちが自分たちで計測を行うこともあります。

手動式カウンターの計測は、カチカチとボタンを押すだけの地味な作業だと思われるかもしれません。しかし、立地戦略に長けたコンビニチェーンでさえ、必ず計測を行っています。この地道な計測があってこそ、「やはりこの場所だ」という出店の決め手になり、その裏付けがあるからこそ繁盛店へとつながっていくのです。

逆にいえば、めぼしい物件がいくつか出てきたときに、この方法で計測した結果で判断することもできます。少しでも人通りの多い物件を選べば、その分のリスクは減らせますし、印象だけでなく根拠に基づいて物件を選べます。面倒かもしれませんが、ぜひとも一度はカチカチと数えてみてください。地道な努力なくして成功への道はないのです。

知られざる顧客行動・顧客心理

◆道行く人にアピールする看板とは？

個人でお店を出す場合、気を配っていただきたいのが看板です。お店の認知度を上げるためにテレビや雑誌、新聞などの広告を使って瞬間的な宣伝を行う方法ももちろんありますが、看板というのはお店がそこで営業を続ける限り、ずっと宣伝してくれます。「うちはこんなお店です」と、近くを通る人に訴えかけ続けることができるのです。そういう意味では、「看板をお客様に見せていますか？」というのが重要なポイントになります。

道行く人に認識してもらうためには、ある程度の大きさで、それなりに派手で目立つ看板にする必要があります。特に個人店の場合は、オシャレな看板、洗練された看板にしたいと思う人が多いですが、その看板を設置して本当に目立つのか、店の周囲に出しても埋もれないものかどうか、客観的に、シビアに考えてほしいと思います。

私は仕事柄、さまざまな店舗の新店オープンの場に立ち会ってきました。店の前に出て、店舗の入り口上部に取り付けられた真新しい大きな看板の真正面に立ち、その場にいる関係者全員で見上げて、「おお、いいね」「いいですね」と喜び合うことがあります。「ここからスタートだ」と、身の引き締まる思いがするシーンです。

ですがこのとき、我々は店の前に立ち、看板を真正面から見上げています。こうしたシチュエーションというのは、実はその店の前を歩く人たちからすると、なかなかないことではないでしょうか？

多くのお客様、通行人は、通りすがりに看板を見るでしょう。それでも、わざわざ立ち止まらず、歩きながら見るはずです。急いでいれば、看板の文字が小さかったり、特殊な書体を使っていたら読めない可能性もあります。いくら立派な看板を店の外壁に設置しても、よほど気にならない限り、立ち止まって看板を見る人はほとんどいないのです。

それでは、通行人にお店を認知してもらうためにはどうすればいいか？

答えは簡単です。通りに対して「垂直に」看板を設置すればいいのです。

店の外壁にベタッと看板を取り付けると、通り沿いの店の場合、店の前を通る通りに対して看板は平行に設置されることになります。一方、同じ店の建物の外壁でも通りに対して垂直に看板を設置する方法があります。この看板を「ソデ看板」といいます。道に飛び出すように、ビルの上部や各階ごとに設置されているのを見たことがあると思います。

ソデ看板と同じく垂直に設置するものには、店の前に立てて置かれる「立て看板」があります。黒板に手書きで書き込むものや、電光掲示が時間で切り替わるようなものまで登場しています。裏表の両面が使えるA型の立て看板を、店舗に対して垂直に設置すれば、通りの両側から来る通行人、どちらにもお店を認知させることができるのです。

看板は、形や色にもこだわっていきましょう。世の中の看板のおそらく9割程度が、四角い長方形ではないでしょうか？　飲食店に絞れば、食欲をそそる色の赤やオレンジ、黄色など暖色系を使っている看板がとても多い。同じにしては埋もれてしまいますね。

看板によって他社との差別化に成功したのが、スターバックスです。今では見慣れた緑色の丸い看板も、スターバックスが最初に日本にやってきたときには非常に斬新でした。

もちろん、何か奇抜なことをする必要はありません。ですが、看板の色や形、設置場所を工夫するだけで、認知度はグッと変わってくるものです。道行く人にいかにお店を知ってもらうのか。お店に入っていただく前から、潜在的なお客様に対するちょっとした気遣いの工夫ができるかが試されています。

◆家族構成の変化が大きく影響するスーパーマーケット

スーパーマーケットは、時代の変遷と業界の関係を学ぶうえでもよい事例といえます。今、スーパーマーケットは、業界全体が縮小傾向になりつつあります。いくつか原因は考えられるのですが、まずひとつは店舗数が多くなりすぎてしまったことがあるでしょう。店舗数が多すぎると、買い物をする人は分散されます。ひとつの駅にいくつもあるようだと、それぞれが奪い合ってあまり集客できず、売上も上がりません。

そして、スーパーに行く人の数自体が減っていることも原因です。今、独身者が増えていて、男性の独身者の場合、多くが食事を外食やコンビニなどで済ませてしまいます。スーパーで食材を買って料理をする人が減っているのです。もちろん、女性の独身者も同じく増えていることも一因です。仕事をしている女性が増え、結婚年齢が上がっています。独身の女性でも、毎日食事をつくっている人はそんなに多くないのではないでしょうか。

生鮮食品も扱うローソンの１００円ショップ「ローソンストア１００」で、以前アンケートをしたことがあります。30店舗ほどで実施したのですが、そこで面白い結果が出てきました。そもそもローソンストア100は、スーパーに行く主婦層をターゲットにして立ち上げた事業でした。ところが、いざ事業が動き始め店舗が増えていくと、実際に店舗に訪れるメインの客層は高齢者だったのです。

そこで、高齢者のお客様を集めて、「なぜスーパーマーケットではなくローソンストア100を利用するのですか?」とアンケートを採りました。高齢者は、コンビニの商品は添加物が多そうで、値段のわりによくないのでスーパーのほうが好ましいと考えていそうなイメージがあります。年代的にも近年進化してきているコンビニよりは、昔からあるスーパーのほうがなじみがあって通いやすいといえば、納得してしまいそうです。

ところがフタを開ければ、「スーパーはほしいものを探すのに、歩き回って疲れる」という回答が多く寄せられたのです。コンビニは40坪程度の広さで、ぐるりと一回りすればほしいものを集められます。スーパーはだいたい200~300坪ほどの店舗が多いです。広々とした店内を端から端まで移動するとなると、確かに結構な距離です。

また高齢者は、食べる量も少ないです。スーパーはファミリー層向けの商品が多いため、食材ひとつの量が多すぎるのです。今は、小分けパックや4分の1サイズの野菜など、さまざまな商品が販売されていますが、小分け商品ではコンビニのほうが品揃えが豊富なことも珍しくありません。

小さな店舗で少量を買えればいい、そんな考えの高齢者が増えている。だから、生鮮食品を扱うコンビニも増えています。スーパーも市街地への小型店の出店を加速させています。イオン系列の「まいばすけっと」や、同じくイオンに統合された「マルエツ　プチ」などがその代表で、こうした店舗が全国に2000店舗ほどあります。

さらに、若い世代で使われているのが、ネットショッピングです。こだわりの食材を宅配してくれる「オイシックス」や「らでぃっしゅぼーや」などは都心部を中心に売上を伸ばしています。各スーパーはネット通販にも力を入れていて、ネットで注文すればすぐに届いて買い物に行く手間が省けると、共働き世帯に人気が出始めています。

さまざまな代替案が増えたことで、毎日スーパーで食材を買い、料理をしなくても暮らしていけるようになりました。独身者の増加、晩婚化により、若い世代がスーパーに行かなくなる。さらに、高齢者もスーパーに行かなくなる。そうなると、いったい誰がスーパーに行くのでしょうか？

このように、日本の家族構成の変化が、ファミリー層が中心顧客のスーパーには大きく影響を与えているのです。日本人の生き方や働き方、そういったものが変化すると、求められるものも当然変わってきます。その受け皿である飲食店や小売店は、供給の仕方も変わってくるし、ニーズも大きく変わってくるものです。

大型店舗をつくり、大量の品を揃えていればよかった時代は終わりました。世の中の変化に敏感になり、求められるかたちに柔軟に対応していくことが、スーパーマーケットという業態そのものが生き残るための大きなカギとなるでしょう。

なお、小学校・中学校とスーパーマーケットは、親和性が非常に高いです。学校に通う子どもがいるということは、家族で住んでいる世帯が周辺に暮らしているということ。昼間人口は増えますが夜間人口は減少するオフィス街などよりも、小中学校がある地域にスーパーが多いのは当然ですし、単身世帯ばかりの地域と比べると一世帯あたりの人数が多いので、売上も高いでしょう。

◆他にもある、親和性の高い立地関係

第4章で「蔦屋書店とカフェ」「場外馬券場と吉野家」といった事例は、親和性の高い業態だとお伝えしました。実は特定の顧客誘導施設ではない場合にも、親和性の高い立地

関係が成り立つ場合があります。

たとえば、結婚式場近くの美容院。女性の方なら、友人の結婚式に出る際、式場近くの美容院でヘアセットをしてもらおうと考えたことのある方も多いでしょう。式場の近くで、大々的に「結婚式のヘアセットの予約承ります」とアピールしておけば、そういったお客様も取り込むことができます。

それから、墓地の近くの花屋。お墓参りに行くときには、お墓に供える花を持っていくはずです。うっかり持ってくるのを忘れてしまったとき、墓地の近くに花屋があればそこで買うことができます。お盆の時期などは、花屋でも菊を中心としたお供え用の花束が売り出されていますね。

花屋は、コンサートホールやイベント会場の近くとも親和性が高いでしょう。「友達のコンサートに行くのに手ぶらではちょっと……」というときに、近くに花屋があればすぐに花束を用意できます。意外と忘れていて、会場に着いて花束を持っている人を見てから「しまった！」と思う人も多いものです。

自分が出したいと思う場所に出店するのではなく、お客様目線に立って、あると便利な場所に出店する。この視点を持ってほしいと思います。

一方で、逆の発想もできます。墓地の近くに出店したコンビニは、そこでお供え用の花も扱えば売れる可能性があります。近くに花屋がなければ、確実に売れるでしょう。ついでにお線香やロウソクなども置いておけば一緒に買っていく人もいるはずです。

自分の店の近くで、「こういう理由でここに必ず一定数の人が来る」という場所を押さえ、そこに行く人が必要とするものを扱うことで儲けられるかもしれません。他に近隣で扱っている店がなければなおさら扱うべきでしょう。

そういう意味では、出店前に調べるのは当然ですが、出店後も周辺の人の流れをよく見て、人が集中する場所を探し続けることが重要です。

◆入店しにくいと思わせる「ふたつの障害」

プロローグでも触れた売上要因のひとつ、「⑤アプローチ」についてお話しします。これは、お店への入りやすさ・入りにくさを指します。

私鉄沿線の駅前のお店などで、店の前にたくさんの自転車が停められている光景を見たことがありませんか？　自転車を使って移動する人が多い街では、違法駐輪や放置されているものを含めて大量の自転車が停められていて、歩道が歩きにくかったり、お店に入りづらかったりすることがあります。

最近は、地域の努力やお店の取り組みによって多くが取り除かれつつありますが、それだけ自転車が並んでいるとよけなければならず、お店に入りにくいですよね。これを「物理的な障害」と呼びます。たくさんの自転車をよけなければならないと思うと、「面倒だし、この店じゃなくてもいいや」と思ってしまうでしょう。

こうした「障害」は他にもあります。もしあなたが女性で、「お腹が空いた！」と思ったときに、目の前にチェーンの牛丼屋があったとします。壁面はガラス張りのため、お店の外からでも中の様子がよく見えます。店内は中年の男性サラリーマンと思われる人たちで混み合っていますが、Ｕ字型のカウンター席にはいくつか空きがあるようです。

さて、あなたはお店に入りますか？　男性であれば、悩まずにお店に入ると思います。ですが、女性の場合はどうでしょう？　「ちょっと入りにくいな」と思った方も少なくないのではないでしょうか。ガラスでまる見えの店舗で、女性１人で牛丼を食べようと思うかどうかは、個人によってかなり差があると思います。

その牛丼屋が女性客を見込んでいなければ問題ないといえばないですが、この「入りにくさ」が「心理的な障害」です。お店に入る前に、「なんかちょっと入りにくいな」「ここは自分が行くお店じゃないな」といった気持ちをもってしまう状態です。

これら「ふたつの障害」をもつ立地で代表的なのが、これまでも述べてきた地下の店舗です。「下まで下りるのが面倒」という「物理的な障害」もあれば、「お店の雰囲気がわからない」「価格や混み具合がわからない」といった「心理的な障害」もあります。

お年寄りは階段がつらいので物理的な障害になりますし、地元にある「一見さんが入りにくい雰囲気のお店」というのも、心理的な障害のあるお店といえます。

幅広い客層をつかもうと思ったら、「心理的な障害」は特に意識して考える必要があるでしょう。誰もが入りやすい店舗はどういうものなのか、自店の客層ではない人たちがお店に足を運ばないのは何が障害となっているのか、それらを考えて障害となるものを取り除く工夫をしていくことが求められます。これから出店しようというときには、「ふたつの障害」がいかに少ない店舗にするかも考えてほしいと思います。

◆人々が行きつけのお店に通う意外な理由

以前、日本経済新聞に、こんなアンケートの記事が載っていました。お店の行きつけに関するアンケートを実施し、その詳細が書かれていたのです。

記事によると、「あなたに行きつけの飲食店はありますか?」という質問に対して、7割の人が「ある」と回答したそうです。さらに、「行きつけのお店で、何か得したことがありますか?」という質問をしたところ、「ない」と答えた人がなんと7割もいたというのです。

つまり、多くの人が行きつけの店はあるけれども、ほとんどの人は何も得をしていない、というわけです。そんなに多くの人が得をしないのに行きつけのお店に通うのはなぜなのか。「行き続ける理由は?」という質問に対する答えで最も多かったのが、「立地が便利」です。その他の回答に、「店員の対応がいい」「雰囲気が気に入っている」といった回答がありましたが、1位は「立地が便利」だったのです。

この結果から、多くの人に行きつけのお店があるものの、何か得するから行っているわけでもなく、ただ単純に行きやすいから通っているということがわかりました。接客態度や雰囲気のよさや、料理の美味しさが行きつけになる決め手だろうと考えていたので、実際には便利な場所にあるからという理由で通っている。これは想定外でした。

読者のみなさんは、どういう理由で行きつけのお店に行かれているでしょうか?

多くの人が立地のよさで繰り返し通うお店を決めているというのは、飲食店を経営する方にとっては非常に大切なヒントになります。

飲食店経営を始めたばかりの若い経営者というのは、自分のお店の味に絶対の自信を持っている人が多くいます。特に、自分自身が厨房に立って料理をつくっていた人にその傾向が強いです。もちろん、自信がないのに店を出そうとは思わないでしょうが、「うちが一番だ」と思い込んでいるのです。

たとえば、「うちの店の味が一番だ」と思ってラーメン屋を開いたとしても、そのお店を一番だと思うお客様がどのくらいいるでしょうか？　「美味しい」と思うから通ってくれるようになるのかもしれませんが、先ほどのアンケート結果からも、行きつけにする理由が味だけではないことはわかります。

今はどこのお店でもそれなりに美味しい料理が食べられます。人気ラーメン屋の美味しさは当然のこと、利用するシーンは違ってくると思いますが、チェーンのラーメン屋でもまずくはない、そこそこの味のラーメンを食べることができる時代です。

ところが、「店の場所なんか関係ない、美味しければ来るだろう」と思っている経営者が少なくありません。「味がいいんだから、どこに出店してもやっていける」と思い込み、立地についてあまり考えずに決めてしまうのです。

先ほどのアンケートに限らず、外食関係のさまざまなアンケートを見ても、そのお店に行く理由を尋ねたときに、「味がいいから」という理由が1位になっていることはほとんどありません。5位くらいには入ってきますが、1位になることはあまりない。多くの人が「味」や「美味しさ」以外のものを重視しているのです。

『週刊ダイヤモンド』の記事で、「お店や施設を選ぶ選択の重視点は何ですか？」という質問に複数回答で答えるアンケートがありました。さまざまな業種業態が並んでいて、「店員の接客態度が丁寧で迅速」「品揃えが豊富」「価格に割安感がある」などの選択肢から選ぶのですが、外食では何が1位だったと思いますか？　そうです、「利用に便利な場所にある」という答えが全体の8割を占めるダントツ1位だったのです。

真剣に立地について考える必要性を理解していただけたでしょうか？「美味しければどこに出店してもお客様はやって来る」と上から目線で決めつけるのではなく、「どこに出店すれば1人でも多くのお客様に来てもらえるか」を謙虚に考えるべきなのです。

◆自分の店の実態を本当にわかっているか？

自分のお店をオープンして数年、もっとお客様を増やしたい、もっと売上を上げたいと思っているならば、これからご紹介するふたつの事例を参考にしてほしいと思います。どちらも、自店の実態を客観的に知るためのヒントになる事例です。

お客様の会員データを持っている店舗は、そのデータをもとに商圏の範囲を知ることができます。大阪の住宅街にある釣り具店の場合も、会員データをもとに商圏の範囲を調べてみたことがありました。

お店に来ているお客様の住所を、店舗の場所から近い順に地図上にマークしていきます。お客様の7割にあたるところまでマークしたら、店舗を中心に円で囲みます。すると、だいたいお店から半径7キロほどの範囲に収まりました。7キロというとそこそこ広い範囲です。釣り具という目的性の高い商品を扱っているため、多少遠いところからお客様が来ていることが予想されます。

ところが、実際にお店に1週間張り付いて、お客様に「どこから来ましたか?」とアンケートを採ったところ、主要な顧客層は半径3キロ以内から来ているという結果が出たのです。お客様全体から見ると7キロですが、やはり頻繁にお店に通っているお客様は近場から来られているということがわかりました。

自分たちの持っているデータを、ただ分析してわかったように感じている方も多いかもしれませんが、データだけでは見えてこないこともあります。ときには、お客様の生の声に耳を傾けてみるべきでしょう。

また、ある中華料理屋ではこんなことがありました。そのお店はオープンして10年ほど経っていたのですが、思うように売上が上がりません。店主は、「もう10年もこの場所で商売をしていて、この街の人はみんなうちの店を知っているはずだ。味も美味しいのに、なぜ来てくれないのか？」と悩んでいました。

相談にやってきた店主に私は、「それなら、本当にお店が知られているかどうか、街行く人に聞いてみましょうよ」と提案しました。店から離れた場所ではなく、店の目の前の通り、店の真下を通る人に、「すみません、〇〇軒という中華料理屋を知っていますか？」と尋ね、本当にその街を歩く人がお店を知っているのか調べることにしたわけです。

どういう結果が出たと思いますか？　お店はすぐ目の前にあります。にもかかわらず、「聞いたことないです」「そんな店、知らない」「自分はもう30年この街に住んでいるけれど、そんなお店見たことがない」などと答える人が少なくないのです。

驚くかもしれませんが、この方法で街行く人に尋ねた場合、お店を知っている人が4割いる、つまりお店の認知度が4割を超えたら、それは高いほうだといえます。チェーン店はインパクトがあるので知っている人が多いですが、個人店の場合は4割がひとつの基準になると思ってください。

「そんなに知られていないなんて……」と、中華料理屋の店主も肩を落としていましたが、自分が「もう10年もここで商売しているのに」と思っているのとは裏腹に、周りの人はあまりお店のことを知らないものです。このお店はその後、忙しい中でチラシ配りを行い、認知度を上げていったのですが、まずは「みんな知っているはず」という認識を改めていただきたいと思います。

こうした調査を行うと、お客様や周囲の人たちから見た自店の実態がはっきりわかると思います。想像以上に認知が広がっていなければ、それはある意味チャンスといえます。認知度が上がれば、お客様が増え、売上アップが見込めるからです。闇雲に手を打つよりも、売上低迷の原因がわかったほうが確実に対策を立てられるでしょう。

◆事実を捉えるには似た者どうしの比較から

我々が出店戦略をつくったり、売上予測をするときに売上の要因を探るのですが、そのときに立地の観点から同じような店舗どうしを比較していきます。

たとえば、埼玉県の住宅街近くにあるドライブスルーが付いた広い駐車場のあるマクドナルドと、混雑した秋葉原の駅前にあるマクドナルドを比較しても、比較になりません。それは利用交通手段が違う点、利用シーンが異なる点が挙げられます。

ですから、秋葉原の駅前の店舗と比較するなら、同じように人の多い上野の駅前の店舗や銀座の駅前の店舗と比較しなければいけません。埼玉県のドライブスルーの店舗なら、神奈川県のドライブスルーの店舗と比べないといけないのです。

そうしないと、本当の比較にならず、何が売上の要因になっているのかわかりません。

成功しているお店であれば、何でも真似すればいいというわけではありません。そのお店の成功は、その業態だからヒットしたのかもしれませんし、立地がよかったのかもしれません。何でもいいから分析しても、その店舗の本当の成功理由は見えてきません。似た者どうしで足並みを揃えて分析しないと、事実がわからないわけです。

「うちのお店の数を増やしたい」と思ったら、自店と似たようなチェーンを探します。そのチェーンの中でも、これまで出している自分のお店に近い店舗、似ている店舗を何店舗か調べてみるのです。そこで、「こうした場所だとヒットしている」「通行量の多いところにしっかり出店しているようだ」「近くにこういう施設がある」といった共通項を探しましょう。その共通項をもとに自店の出店戦略を考えていけばいいのです。

成功しているチェーンであれば、必ずその要因があります。それがいったい何なのか。他店の研究をする中で、自店がなぜうまくいっているのか、どうすればもっと成功するのか、すべきことがきっと見えてくるでしょう。

ここで、注意点をひとつ。立地の比較はぜひしていただきたいのですが、その前に忘れてはいけない点が、そもそもの商品の比較です。

地方で成功した飲食店で、「東京に出店して勝負したい！」と考えて実際に東京に出店するようなことは、よくある話です。一方で、「東京に進出したけれどうまくいかず、数年で撤退した」というのもまた、よくある話です。

何がいけなかったのか、もちろん立地の問題もあるとは思いますが、そもそもの商品に絶対の自信が持てるものなのかも重要です。もちろん、根拠のない自信ではなく、競合店と比較してどこが優れているのか、人気になれる要素があるのか、そういった分析や検証もしっかり行ってほしいと思います。

我々は立地に関しては、プロフェッショナルとしてよりよい場所に出店するためのアドバイスをすることができますが、それぞれの店舗の扱う商品に関してのアドバイスは素人同然です。どんなにベストな場所に出店できたとしても、そもそもの商品がイマイチであれば、成功できる可能性は低くなります。

他店の立地と同時に、商品についてもしっかりと比較して、成功しているお店にも負けない商品へと磨き上げていってほしいと思います。

立地戦略は、成功すれば売上倍増、失敗すれば経営破たんにもなるような大切な戦略であり、ある程度、特効薬的な効果もありますが、それでも魔法の戦略ではないのです。優れた商品をもって優れた立地に出店する——この黄金成功法則をぜひ忘れないでください。

決して無理ではありません。

いつか私が「いい場所にあるいい店だな」と思い、入ったお店が、あなたのお店であることを楽しみにして、本編を締めくくりたいと思います。

おわりに

最近、これまで相談を受けなかったような業界からも出店に関する問い合わせをいただくようになりました。たとえば、証券会社など、金融関係の企業からの問い合わせです。証券会社は、基本的には「お客様に来てもらう」商売をしています。しかし今、そこからもう一歩踏み込んで、さらにお客様の目に触れ、コミュニケーションをとっていきたいとご相談に来られます。

小さなサテライト店を出して、もっと自分たちのことをお客様に訴えかけていきたいと考え始めているのです。それで我々のところに「そのためにはどういう場所がいいですか？」と相談しに来るのです。

最近では保険会社がそのような動きを活発に行い、商店街の中などでもよく目にするようになりました。

これまでは、他業種に比べれば立地戦略の優先順位が低かったであろう業界が、立地戦略を学ぼうとする時代。きっと今後も、自分たちが思ってもみなかった業界から相談を受ける機会が増えると思います。

本書で立地戦略の奥深さを感じてくださった方は、今身を置かれているのがどんな業態でも、一度、立地や店舗開発について考えてみることをおすすめします。それは立地戦略による今後の発展につながり得るのはもちろん、ご自身のお仕事の特徴や未来について改めて棚卸しし、描いてみるよい機会になるからです。

そして、店舗経営をされている、あるいはこれから経営の予定がおありの方へ。

店舗の売上を構成する要素は非常に多岐にわたります。人の問題、商品の問題、価格、お店の雰囲気……。ただ、これらはお店をオープンした後でも、ダメだったら変えることができます。人がダメなら入れ替えればいいですし、商品がダメなら変えればいい。

しかし、出店した場所＝立地は、簡単に変えることができません。「1週間オープンしてみてダメだったから、別の場所に移転しよう」というのは、無理ですよね。

コンビニエンスストアは、1店舗出店するのに、だいたい6000万円かかるといわれています。もう少し規模の大きなファミリーレストランでは、資材が高騰していることもあり1億円ほどだそうです。1億円の投資をして、高額な敷金礼金まで払い、ダメだったらすぐに移転というのはあり得ないわけです。

だからこそ、出店に伴うすべてのことが重要ではあるのですが、一度失敗してしまうと後には戻れない「立地」は、特に慎重に決めていく必要があります。

大きな企業の場合は、弊社のような会社にコンサルを依頼したりして、立地を決める判断材料を増やしていると思いますが、気をつけていただきたいのが個人経営の場合です。賃料の安さで決めたり、「腕がいいからどこでもいい」と深く考えなかったりと、かなりリスクの高い方法で出店先を決めているケースも多々見受けられます。

でも、ぜひ本書を読んで、チェックすべきポイントをチェックしたか、考えていただきたいと思います。

特に飲食業界は、これからますます競争が激化することが予想されます。どれだけお店が増えても、人間の胃袋というのは変わらないからです。

小売りの場合、たとえば洋服などは、今日着なくても明日、明後日のために買います。でも食事というのは、たった今の空腹を埋めるためのものです。今は人口がどんどん減っていっているわけですから、胃袋の数も減っています。そうなると、取り合いは激化する一方であるはずです。

昔に比べて、特にチェーン店はリピートする人が減ってきています。それは、どこのチェーン店もそれなりに美味しくなっているからです。都心ならば、一生同じお店を使わなくても、外食をし続けることは可能でしょう。当然この外食産業の飽和状態は、個人経営のお店にも影響します。

そんな時代にあって、お店を出す際の立地というのは、失敗すれば命とりになる可能性もありますが、きちんと選べば、あなたの強い安心材料にもなるものです。

「ここに出したら、必ずお客様はいる。万一お客様が来なければ、商品や看板や接客など、ソフト面を改善すればいい」

そう思える立地を、ぜひ見つけていただきたいと思います。

編集協力　有限会社アトミック
（鮫島敦・沖津彩乃）

榎本 篤史（えのもと・あつし）
株式会社ディー・アイ・コンサルタンツ　取締役社長。
2004年ディー・アイ・コンサルタンツ入社。小売業、外食、サービス業、生活関連サービス・娯楽業など、流通全般の成長支援プロジェクトに参画。クライアント企業との協働作業により、戦略の立案および実行を支援。
相互尊敬とチームワーク、多様な個性や知見、専門性の融合から生まれる相乗効果を大切にすると共に、クライアント企業との長期的な信頼関係の構築を重視している。

株式会社ディー・アイ・コンサルタンツ
1991年創設。客観的なアプローチにより、店舗で生じているお客様の購買行動を分析・数値化することで、出店フローを総合的にデザインし、出店の拡大によって企業の成長に貢献することをミッションにしています。私たちはクライアント企業が抱える問題を解決するにあたり、プロジェクトの先頭に立って、リーダーシップを発揮します。
http://www.di-c.jp/

PHP
Business Shinsho

PHPビジネス新書 374

すごい立地戦略
街は、ビジネスヒントの宝庫だった

2017年3月31日　第1版第1刷発行
2017年6月12日　第1版第3刷発行

著　者　榎本篤史
発行者　岡　修平
発行所　株式会社PHP研究所
東京本部　〒135-8137　江東区豊洲5-6-52
ビジネス出版部　☎03-3520-9619(編集)
普及一部　☎03-3520-9630(販売)
京都本部　〒601-8411　京都市南区西九条北ノ内町11
PHP INTERFACE　http://www.php.co.jp/
装　幀　齋藤 稔(株式会社ジーラム)
組　版　朝日メディアインターナショナル株式会社
印刷所　共同印刷株式会社
製本所　東京美術紙工協業組合

ISBN978-4-569-83230-2

「ＰＨＰビジネス新書」発刊にあたって

わからないことがあったら「インターネット」で何でも一発で調べられる時代。本という形でビジネスの知識を提供することに何の意味があるのか……その一つの答えとして「**血の通った実務書**」というコンセプトを提案させていただくのが本シリーズです。

経営知識やスキルといった、誰が語っても同じに思えるものでも、ビジネス界の第一線で活躍する人の語る言葉には、独特の迫力があります。そんな、「**現場を知る人が本音で語る**」知識を、ビジネスのあらゆる分野においてご提供していきたいと思っております。

本シリーズのシンボルマークは、理屈よりも実用性を重んじた古代ローマ人のイメージです。彼らが残した知識のように、本書の内容が永きにわたって皆様のビジネスのお役に立ち続けることを願っております。

二〇〇六年四月

ＰＨＰ研究所

PHPビジネス新書

大人はもっと遊びなさい

仕事と人生を変えるオフタイムの過ごし方

成毛　眞　著

プロフェッショナルになってはいけない!?「真面目に働く人ほど遊んだほうがいい」と説く著者の真意とは。成毛眞流遊びのすすめ。

定価　本体八五〇円（税別）

PHPビジネス新書

［新書版］海外経験ゼロでも仕事が忙しくても

「英語は1年」でマスターできる

三木雄信 著

英会話が大の苦手なのに、孫正義氏の秘書を務めることになった著者。最短最速の英語学習テクニック、ツールを全公開する。

定価 本体八七〇円（税別）